Hans-Jürgen Seelos

Management von Medizinbetrieben

Hans-Jürgen Seelos

Management
von Medizinbetrieben

Medizinmanagement
in Theorie und Praxis

GABLER

Bibliografische Information der Deutschen Nationalbibliothek
Die Deutsche Nationalbibliothek verzeichnet diese Publikation in der
Deutschen Nationalbibliografie; detaillierte bibliografische Daten sind im Internet über
<http://dnb.d-nb.de> abrufbar.

1. Auflage 2010

Alle Rechte vorbehalten
© Gabler Verlag | Springer Fachmedien Wiesbaden GmbH 2010, Softcover 2013

Lektorat: Guido Notthoff

Gabler Verlag ist eine Marke von Springer Fachmedien.
Springer Fachmedien ist Teil der Fachverlagsgruppe Springer Science+Business Media.
www.gabler.de

Umschlaggestaltung: KünkelLopka Medienentwicklung, Heidelberg
Gedruckt auf säurefreiem und chlorfrei gebleichtem Papier

ISBN 978-3-8349-2377-6   (Hardcover)

ISBN 978-3-658-00598-6   (Softcover)

Vorwort

Management, funktional verstanden als zielorientierte Gestaltung, lässt sich in der institutionalisierten Medizin auf unterschiedliche Objekte beziehen:[1]

- die zielorientierte Gestaltung, Lenkung (Steuerung) und Entwicklung von Wirtschaftssubjekten, die Gesundheitsleistungen erbringen (Medizinbetriebe),
- die Steuerung von individuellen oder kollektiven Gesundheitsproblemen im System der gesundheitlichen Versorgung (Case Management, Disease Management),
- die Organisation der Gesundheitsversorgung (z. B. Public Health, Ausbildung von Gesundheitsfachberufen, Patientenberatung),
- die Planung, Organisation und Kontrolle von Transformationsprozessen (Change Management) und Forschungsprojekten (Projektmanagement),

oder, im engeren Sinn einer zielorientierten sozialen Einflussnahme,

- auf die Führung der in den Prozess der Gesundheitsleistungsproduktion involvierten Personen (Beschäftigte, Patienten, Angehörige).

Institutionell interpretiert bezeichnet Management die mit dispositiven Aufgaben befassten Personen oder Instanzen einer medizinbetrieblichen Organisationsstruktur.

---

[1] In Anlehnung an Seelos (2006b) Medical Management: the scientific paradigm. J Public Health 15: 21-22; DOI 10.1007/s10389-006-0056-2. Mit freundlicher Genehmigung von Springer Science and Business Media.

Instrumentell steht der Managementbegriff für medizinbetriebliche Ordnungsmomente oder deren Materialisierungen (Tab. 0.1).

Tabelle 0.1:   *Kategorien des Managementbegriffs in der Medizin*

Managementobjekt	Managementkategorie		
	funktionell	institutionell	instrumentell
Medizinbetrieb	Zielorientierte Gestaltung, Lenkung (Steuerung) und Entwicklung	Eigentümer/ Anteilseigner, Überwachungsorgan, Leitungsorgan, Führungskräfte	Ordnungsmomente und deren Materialisierungen
Beschäftigte(r)	Personalführung	Führender	Führungsstilkonzepte und -instrumente
Patient	Interaktionelle Patientenführung	Arzt/ Therapeut im Arzt-Patient-Verhältnis	Führungsstilkonzepte
	Patientenlenkung im System der gesundheitlichen Versorgung		Gatekeeping, Case Management, Personenzentrierter Hilfeansatz, Disease Management, Integrierte Versorgung, Guidelines
	Selbstmanagement	Patient	Patientenschulung, -leitlinien, -vertrag, Compliance Monitoring, Erinnerungssysteme

Wirkungsvolles Management in der (institutionalisierten) Medizin erfordert einen interdisziplinären, polymethodischen Ansatz unter Einbeziehung medizinischer, wirtschaftswissenschaftlicher und gesundheitswissenschaftlicher Aspekte (Abb. 0.1). Ausdruck des Bestrebens, einen solchen Ansatz wissenschaftlich zu unterbauen und durch Ausbildungskonzepte zu konkretisieren, ist die Entwicklung einer anwendungsbereichsspezifischen Managementlehre, die durch die besonderen Charakteristiken des Systems der gesundheitlichen Versorgung und seiner Systemumwelt begründet wird. Deren Erkenntnisobjekte sind die aus ihrem Erfahrungsobjekt (Gesundheitssystem) aspektrelativ abstrahierten Wirtschaftssubjekte, die Gesundheitsleistungen erbringen (Medizinbetriebe). Damit lässt sich operational definieren:

Medizinmanagement befasst sich mit der Anwendung der Managementlehre in Medizinbetrieben.

Insoweit unterscheidet sich Medizinmanagement vom „Management im Gesundheitswesen" oder „Health Care Management", weil deren Erkenntnisobjekte sämtliche Subjektsystemkomponenten der Gesundheitswirtschaft umfassen, also zum Beispiel auch Unternehmen der Versicherungswirtschaft, der medizinischen Investitions- und Bedarfsgüterindustrie und Bildungseinrichtungen einbeziehen.

Abbildung 0.1:   *Wissenschaftssynthese des Fachgebietes Medizinmanagement*

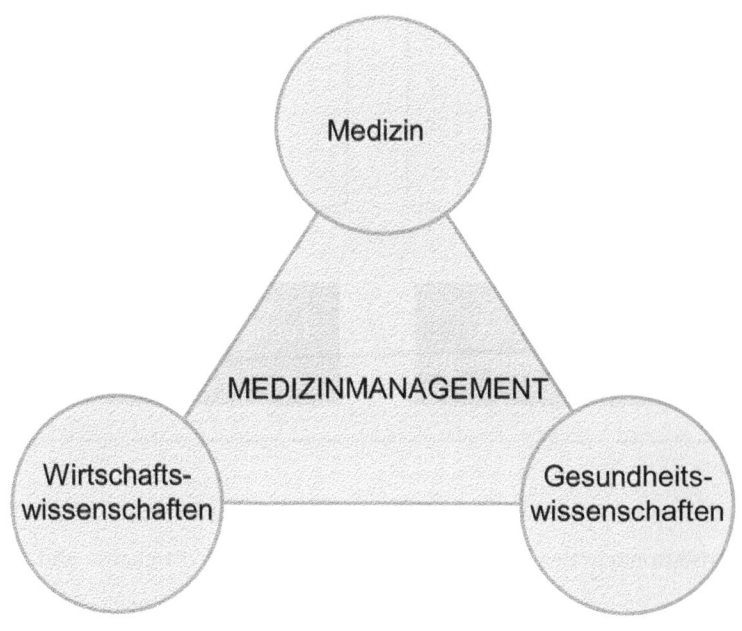

Die wissenschaftliche Auseinandersetzung mit den Fragen der Anwendung der Managementlehre in der institutionalisierten Medizin zielt darauf ab, Methoden und Konzepte zu entwickeln, mit deren Hilfe das Führen von und in Medizinbetrieben beschrieben, erklärt und gestaltet werden kann. Diese deskriptiven, theoretischen und pragmatischen Wissenschaftsziele beziehen sich damit sowohl auf das Management von Medizinbetrieben als auch auf die Führung der in den Prozess der Gesundheitsleistungsproduktion involvierten Menschen. Dementsprechend werden für die jeweiligen Bezugsobjekte (soziotechnische Systeme, soziale Systeme) verschiedene Handlungssphären des Medizinmanagements unterschieden (Abb. 0.2).

Abbildung 0.2:   *Taxonomie des Fachgebietes Medizinmanagement nach Bezugsobjekten*

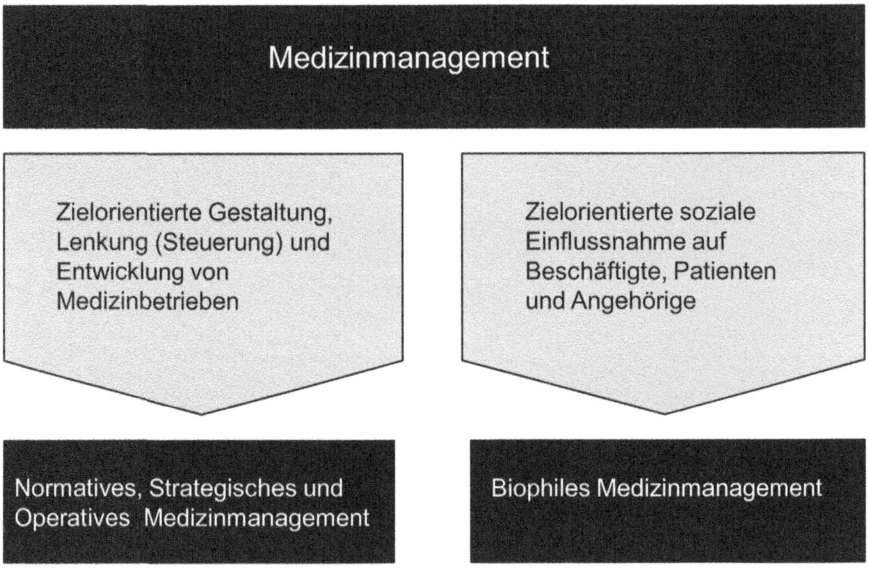

Dieses Buch wendet sich an Führungskräfte in Medizinbetrieben, an Studierende und Dozenten insbesondere der Medizin, der Psychologie, der Wirtschafts- und Sozialwissenschaften, der Gesundheitswissenschaften und der Gesundheitsökonomie an Universitäten, Hochschulen und Weiterbildungsakademien, aber auch an Unternehmensberater mit Spezialisierung auf das Gebiet Gesundheitswesen – kurzum an alle Leserinnen und Leser, die sich in Theorie und Praxis mit Aspekten der professionellen Führung und Organisation von Medizinbetrieben vertraut machen möchten.

Mein herzlicher Dank gilt Herrn Prof. Dr. Johannes Rüegg-Stürm, geschäftsführender Direktor des Instituts für Betriebswirtschaft der Universität St. Gallen, für die Diskussion des neuen St. Galler Management-Modells, Frau Ellen Hilbig und Frau Leonie Doberitz für die Erstellung der Abbildungsvorlagen und die drucktechnische Aufbereitung des Manuskripts sowie allen, die mit Rat und Tat zum Entstehen dieses Buches beigetragen haben.

Möge das hier vorgestellte generische medizinbetriebliche Managementmodell auch in anderen Branchen eine weite Verbreitung erfahren.

Reichenau, im März 2010   Hans-Jürgen Seelos

Inhaltsverzeichnis

Abbildungsverzeichnis

Tabellenverzeichnis

Abkürzungsverzeichnis

Abb.	Abbildung
Abs.	Absatz
AktG	Aktiengesetz
AöR	Anstalt des öffentlichen Rechts
ArbSchG	Arbeitsschutzgesetz
Art.	Artikel
AZ	Aktenzeichen
BDSG	Bundesdatenschutzgesetz
BGB	Bürgerliches Gesetzbuch
BGH	Bundesgerichtshof
BilMoG	Bilanzrechtsmodernisierungsgesetz
BMG	Bundesministerium für Gesundheit
BMJ	Bundesministerium der Justiz
BPflV	Bundespflegesatzverordnung
BVerfG	Bundesverfassungsgericht
BVerwG	Bundesverwaltungsgericht
DCGK	Deutscher Corporate Governance Kodex
et al.	lateinisch et alii (und andere)

GG	Grundgesetz
GKV	Gesetzliche Krankenversicherung
GWB	Gesetz gegen Wettbewerbsbeschränkung
HGB	Handelsgesetzbuch
HGrG	Haushaltsgrundsätzegesetz
ICD	International Classification of Diseases
Jahrg.	Jahrgang
KHEntgG	Krankenhausentgeltgesetz
KHG	Krankenhausfinanzierungsgesetz
KonTraG	Gesetz zur Kontrolle und Transparenz im Unternehmenssektor
KVP	Kontinuierlicher Verbesserungsprozess
LG	Landgericht
LKHG	Landeskrankenhausgesetz
MarkenG	Markengesetz
MBO-Ä	(Muster-)Berufsordnung für die deutschen Ärztinnen und Ärzte
MDK	Medizinischer Dienst der gesetzlichen Krankenversicherung
MVZ	Medizinisches Versorgungszentrum
NJW	Neue juristische Wochenschrift

OLG	Oberlandesgericht
OP	Operation
OwiG	Ordnungswidrigkeitengesetz
PCGK	Public Corporate Governance Kodex
SGB	Sozialgesetzbuch
StGB	Strafgesetzbuch
Tab.	Tabelle
UmwG	Umwandlungsgesetz
VändG	Vertragsarztänderungsgesetz
www	World Wide Web

Hinweis: Zum Zweck der sprachlichen Vereinfachung wird nachfolgend für Personen lediglich die männliche Form verwendet. Wenn nicht anders vermerkt, sind damit stets beide Geschlechter gemeint.

1 Ordnungsrahmen

Erkenntnisobjekte des Fachgebietes Medizinmanagement sind *Medizinbetriebe*, die sich nach ihrer Leistungs-, Träger-, Rechts- und Organisationsform strukturieren lassen (Abb. 1.1).

Abbildung 1.1:   *Typologie der Medizinbetriebe*

Medizinbetriebe			
Leistungsform	**Trägerform**	**Rechtsform**	**Organisations-form**
• Arztpraxen	• öffentlich	• öffentlich-rechtlich	• einzelbetrieblich
• Krankenhäuser	• freigemeinnützig		• mehrbetrieblich
• Medizinische Versorgungszentren	• privat	• privatrechtlich	
• Rettungsdienste			
• Betriebsärztliche Dienste			
• Medizinische Beratungs- und Begutachtungsdienste			
• Gesundheitsämter			
• Pflegeeinrichtungen u. -dienste			

In einer realwirtschaftlichen Perspektive ist der Medizinbetrieb ein soziotechnisches, zweckorientiertes, multiprofessionelles, offenes und adaptives *(Dienstleistungs-)System*, weil

- er aus einer abgrenzbaren Menge von sozialen Einheiten und technischen Einrichtungen besteht, zwischen denen vielfältige und nicht ohne Weiteres überschaubare Beziehungen und Wechselwirkungen bestehen,

- er Gesundheitsleistungen als immaterielle Güter zur Fremdbedarfsdeckung produziert und dabei gleichzeitig die Anliegen mehrerer Anspruchsgruppen zufriedenstellen muss,

- an der betrieblichen Wertschöpfung arbeitsteilig zum Teil hoch spezialisierte Berufsgruppen beteiligt sind,

- er mit seiner Umwelt zahlreiche Austauschbeziehungen materieller und informationeller Art unterhält und

- er sich ständig den Veränderungen seiner komplexen und hyperdynamischen Umwelt (Gesundheitswirtschaft, Gesamtwirtschaft) anpassen muss.

Als komplexen und non-trivialen Systemen ist Medizinbetrieben a priori ein Management-Paradoxon implizit, das durch Grundkategorien einer systemisch-verhaltenswissenschaftlichen Managementlehre aufgelöst werden kann. Erkenntnistheoretisch grundlegend ist dabei die Tatsache, dass es unmöglich ist, ein bestimmtes komplexes System von einer zentralen Instanz aus zu durchschauen, vollständig und „objektiv" zu beschreiben und in einem Modell „korrekt" abzubilden (von Hayek, 1972). Aspekt-Perspektivität reduziert Komplexität selektiv, das heißt durch kontingente Selektionsleistungen (Steinmüller, 1993). Je nach Kontext und Perspektive, die aus diesen Selektionsleistungen erwachsen, erscheint deshalb ein Medizinbetrieb und seine Problemlage in einem anderen Licht. Welche Teilaspekte dies sind, hängt von den Zielen und Interessen des jeweiligen Betrachters ab (Abb. 1.2). So können Medizinbetriebe zum Beispiel nur unter architektonischen, betriebswirtschaftlichen, logistischen, soziologischen, organisationspsychologischen, juristischen oder informatischen Aspekten betrachtet werden. Dieses Buch nimmt den Blickwinkel der *Managementlehre* ein. Definiert wird ein kategorialer Ordnungsrahmen sowohl für die Führung von Medizinbetrieben als auch die Didaktik der Managementlehre in der Medizin.

Abbildung 1.2: *Komplexitätsreduktion durch Aspekt-Perspektivität. Für jede der hier dargestellten wissenschaftlichen Disziplinen erscheint jeweils ein anderer Ausschnitt des Erkenntnisobjektes „Medizinbetrieb" relevant.*

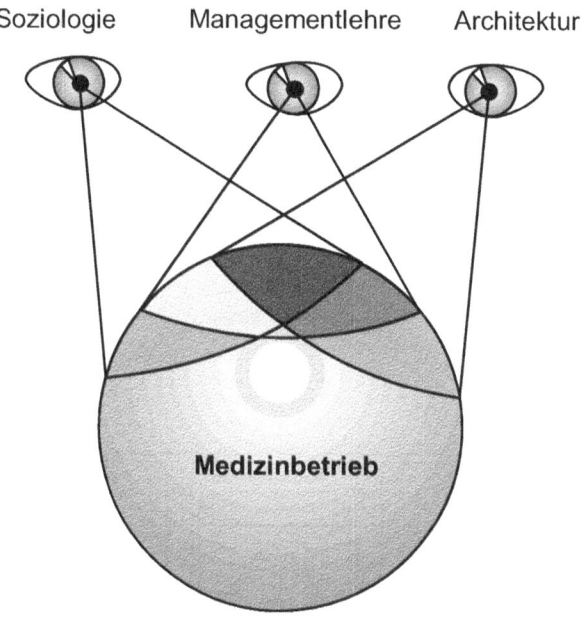

1.1   Management-Paradoxon

Medizinbetriebe besitzen nicht nur eine hohe Eigenkomplexität, sondern sie interagieren zugleich auch mit einer hyperdynamischen und an Komplexität zunehmenden Umwelt. Wie Abbildung 1.3 skizziert, entwickelt sich die Medizin nicht in einem freien Raum, sondern in ihr spiegeln sich die soziologischen, ökonomischen, rechtlichen, ökologischen, demografischen, (informations-)technologischen und anderen vielfältigen Einflüsse wider, welche die menschliche Gesellschaft ausmachen. Beispielsweise ist die wirtschaftliche Situation für das Gesundheitssystem im Allgemeinen wie für die Verbraucher, Anbieter, Träger und Produzenten von Gesundheitsleistungen im Besonderen relevant.

Abbildung 1.3:   *Das Gesundheitssystem, hier angedeutet durch die Verbraucher, Anbieter, Träger und Produzenten von Gesundheitsleistungen, ist eingebettet in ein komplexes Umfeld soziologischer Strukturen*

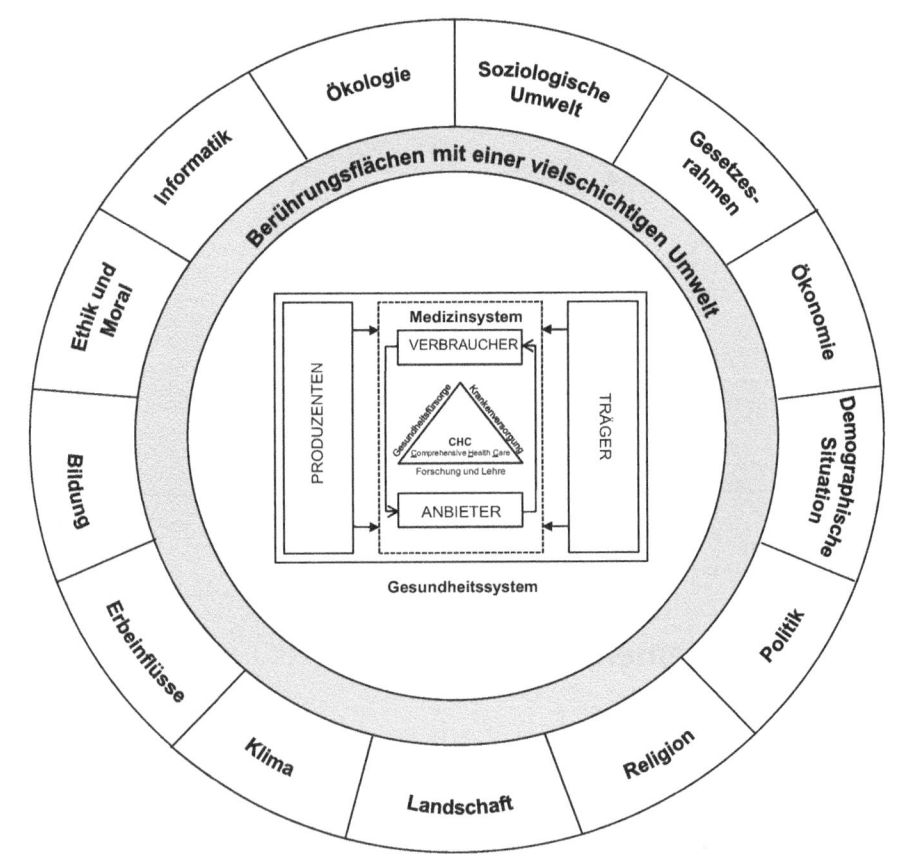

Änderungen von gesetzlichen Grundlagen und Voraussetzungen haben ihren Einfluss auf Entscheidungen in entsprechenden Situationen. Die Gesundheitspolitik setzt Prioritäten für Entwicklungen, so etwa für Fördermaßnahmen auf einem bestimmten Gebiet. Religiöse Vorstellungen haben auf die Haltung des Patienten ebenso Einfluss wie technologische Entwicklungen. Die genetische Struktur der Bevölkerung, die geografische Situation, aber auch das Klima beeinflussen die Demografie sowie die Inzidenz und die Prävalenz von Krankheiten. Bildungsangebote bestimmen die Absolventenzahlen in den Gesundheitsfachberufen. Ethische und moralische Handlungsnormen sind wiederum von großer Bedeutung für das gesamte soziologische Verhalten.

Von daher besteht das Management-Paradoxon des dispositiven Faktors darin, ein komplexes soziotechnisches System (Medizinbetrieb) zu führen, das aufgrund seines umweltmoderierten (System-)Verhaltens durch ein hohes Überraschungspotenzial gekennzeichnet ist (vgl. Weick u. Sutcliffe, 2007).

Um dieses Management-Paradoxon zu überwinden, bedarf es einerseits genügend Raum für Faktoren, die eine rasche *Anpassungsfähigkeit* des Medizinbetriebes ermöglichen, andererseits aber auch einer gewissen *Systemordnung* zur Bewältigung der Komplexität seiner selbst und der seiner hyperdynamischen, komplexen Umwelt. Beide Aspekte gemeinsam bilden die Voraussetzung für die Existenz und das Überleben von Medizinbetrieben. Die Kunst des Managements besteht darin, das lebensfähige Gleichgewicht zwischen beiden herzustellen (Sobhani, 2008).

1.2   Medizinbetriebliches Managementmodell

In den letzten Jahren hat die Managementlehre einen Paradigmenwechsel von administrativen, verhaltenswissenschaftlichen und quantitativen Ansätzen zu einer systemorientierten und kontingenztheoretischen Perspektive vollzogen. Dazu wurden zahlreiche Modelle und Konzepte entwickelt wie etwa das St. Galler Management-Modell von Ulrich und Krieg (1974), das 7-S-Modell von Pascale und Athos (1981) oder die Balanced Scorecard von Kaplan und Norton (1996). Neben dem von Malik (1993, 2002), Bleicher (1999) und Rüegg-Stürm (2003) weitergeführten „St.-Galler-Modell" sind als systemorientierte Ansätze auch das Zürcher Modell von Rühli (1996), das Gießener Modell von Krüger und Schwarz (1997), das Leipziger Modell von Meffert (1997) und das Freiburger Management-Modell für Non-Profit-Organisationen von Schwarz et al. (2005) prominent geworden. Ferner fanden im Kontext von Qualitätssicherung auch Exzellenz-Modelle wie das EFQM-Modell zunehmende Beachtung (EFQM, 2008). Grundlage des systemorientierten Managements ist die Vorstellung von (Medizin-)Betrieben als Ganzheiten aus einer Vielzahl von materiellen und immateriellen Elementen, die im wechselseitigen Zusammenwirken ein System konstituieren, das zur Bewältigung von Komplexität gewisser strukturierender Einflussmomente und ordnender Kräfte bedarf.

Genau dieses notwendige Maß an Systemordnung erfordert für Medizinbetriebe einen kategorialen *Ordnungsrahmen*, der sowohl systemtheoretische als auch verhaltenswissenschaftliche Ansätze der Managementlehre integriert.

Diese Forderung wird mit dem in Abbildung 1.4 beschriebenen generischen St. Galler Management-Modell erfüllt, das Wirkungszusammenhänge zwischen dem Managementhandeln des dispositiven Faktors und den Resultaten der medizinbetrieblichen Wertschöpfung (Gesundheitsleistungsproduktion) vermittelt. Danach wirkt der dispositive Faktor direkt (Handlungssphären) oder indirekt (über Ordnungsmomente) auf die Gesundheitsleistungsproduktion ein, was entsprechende Resultate zur Folge hat. Diese finden ihren Ausdruck in den im Bereich von Diagnostik, Therapie, Pflege und gegebenenfalls Hotelversorgung erbrachten Einzelleistungen (Output) beziehungsweise den realisierten Gesundheitsleistungen, der erzielten Kunden- und Mitarbeiterzufriedenheit (Outcome) sowie gesellschaftsbezogenen Ergebnissen (Impact). Als besonders nützlich, auch für die Taxonomie des Fachgebietes Medizinmanagement, erweist sich dabei die sorgfältige Ausdifferenzierung der dem dispositiven Faktor obliegenden Managementprozesse in eine normative, strategische, operative und biophile Dimension (Handlungssphären). Die durch vielfältige Vor- und Rückkopplungsprozesse miteinander vernetzten Managementprozesse stehen in unmittelbarem Kontext mit generischen Ordnungsmomenten, die als „Stabilisatoren" Kohärenz und Koordination der medizinbetrieblichen Wertschöpfung sicherstellen. Die Ordnungsmomente (Unternehmenspolitik, Unternehmenskultur, Strategie, Strukturen, Systeme) und ihre Materialisierungen moderieren als Wirkfaktoren sowohl die medizinbetrieblichen Management-, Kern- und Unterstützungsprozesse als auch deren Resultate (Output, Outcome, Impact). Sie sind in dieser (resultatorientierten) Perspektive zugleich auch kritische Erfolgsfaktoren für eine *Health Care Excellence*. Rückkopplungsbeziehungen sichern stabilisierende Interventionen des dispositiven Faktors und unterstützen im Sinne des EFQM-Modells Innovation und Lernen.

Die nachfolgenden Kapitel beschreiben ausführlich die einzelnen *Grundkategorien* des medizinbetrieblichen Managementmodells, nämlich

- den dispositiven Faktor,

- die Managementprozesse,

- die Gesundheitsleistungsproduktion und

- deren Resultate.

Abbildung 1.4: *Medizinbetriebliches Managementmodell*

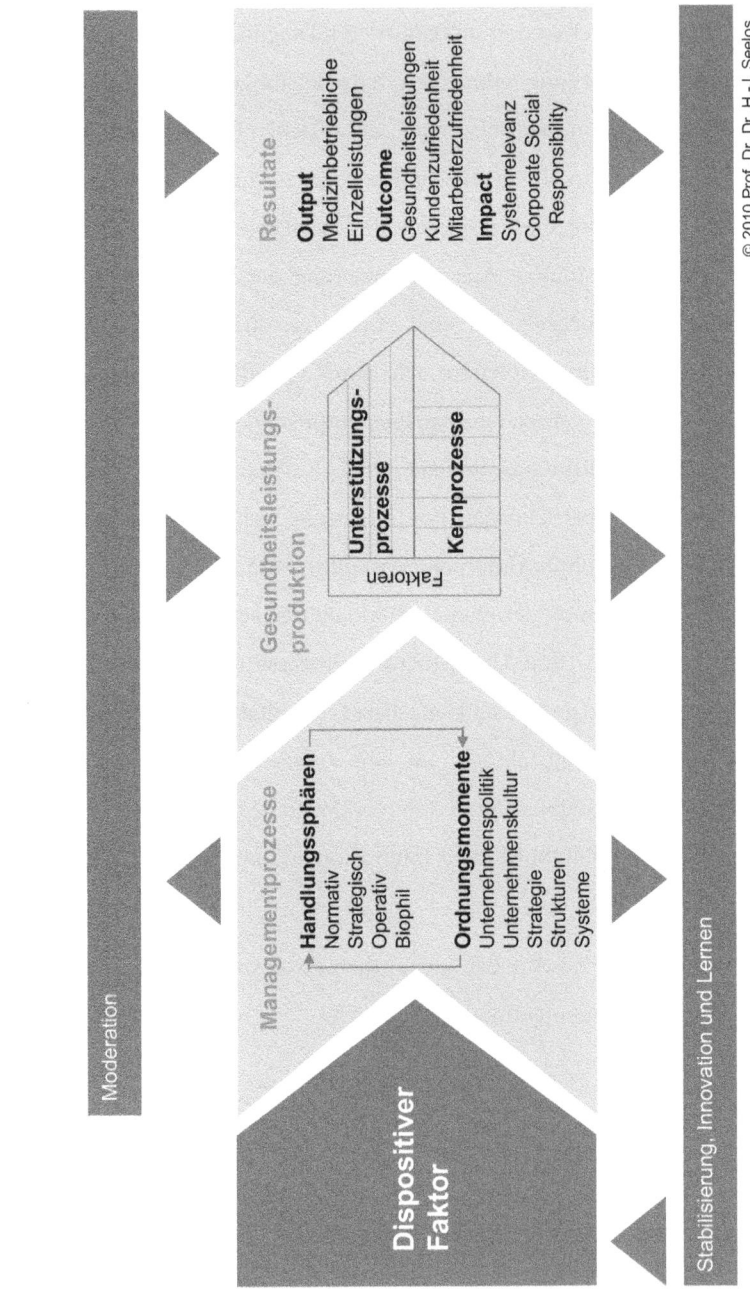

© 2010 Prof. Dr. Dr. H.-J. Seelos

2 Dispositiver Faktor

Der dispositive Faktor bezeichnet diejenigen Organe und Instanzen einer medizinbetrieblichen Organisationsstruktur, die aufgrund rechtlicher oder organisatorischer Regelungen gegenüber nachgeordneten Instanzen Entscheidungs- und Weisungsbefugnis besitzen.

Die Gesamtheit dieser Instanzen stellt das *institutionelle Management* eines Medizinbetriebes dar. Mitglieder des institutionellen Managements, die dauerhaft in einem Medizinbetrieb tätig sind (Vertreter des Leitungsorgans, Führungskräfte), zählen zur *internen Führung*. Demgegenüber gehören der oder die Eigentümer/Anteilseigner und die Vertreter des Überwachungsorgans, wenn diese nicht dauerhaft im Medizinbetrieb tätig sind, der *externen Führung* an.

Die Ausgestaltung des institutionellen Managements ist von einer Reihe indirekt und direkt wirkender Einflussfaktoren abhängig. Indirekte Einflüsse der ökonomischen und sozio-kulturellen Gegebenheiten sowie das diese durchdringende (gesundheits-)politisch gesetzliche Umfeld wirken auf die Gestaltung promovierend oder restringierend ein. Aber auch Gegebenheiten des Medizinbetriebes selbst können wesentliche Einflussfaktoren für die Ausgestaltung des institutionellen Managements sein.

Mit der Unternehmenspolitik und der Unternehmenskultur definieren der Eigentümer/die Anteilseigner und die Vertreter des Überwachungsorgans den normativen Ordnungsrahmen für das Leitungsorgan und die Beschäftigten.

2.1   Eigentümer und Anteilseigner

Eigentümer eines Medizinbetriebes ist jede natürliche oder juristische Person oder eine rechtsfähige Personengesellschaft, die bei Abschluss eines Rechtsgeschäftes in Ausübung ihrer gewerblichen oder selbstständigen beruflichen Tätigkeit handelt (§ 14 BGB). Dies kann der Alleineigentümer wie zum Beispiel der Inhaber einer Arztpraxis oder aber ein Anteilseigner (*Shareholder*) wie etwa ein Mehrheitsaktionär bei einem börsennotierten Krankenhauskonzern sein.

Die Beteiligung der Eigentümer an der Leitung und Kontrolle ihres Unternehmens ist in Deutschland im Gesellschaftsrecht geregelt (z. B. im Handelsgesetzbuch, im GmbH-Gesetz oder im Aktiengesetz). Sieht man einmal vom Einzelunternehmen ab, bei dem die Eigentümer-, Überwachungs- und Leitungsfunktion personell zusammenfallen, können die Eigentümer über das Gesellschafterorgan (Gesellschafterversammlung, Hauptversammlung), in dem sie vertreten sind, das Überwachungs- und das Leitungsorgan Einfluss auf ihren Medizinbetrieb ausüben.

2.2   Überwachungsorgan

Übertragen der Eigentümer und/oder die Anteilseigner Verfügungsrechte über medizinbetriebliche Güter an ein Leitungsorgan, liegt eine typische *Principal-Agent-Beziehung* vor (Abb. 2.1). Kennzeichnend für den Principal-Agent-Ansatz ist zum einen, dass zwischen Principal und Agent unterschiedliche Ziele und Interessen bestehen können. Zum anderen weiß der Agent in der Regel sehr viel besser über seine eigenen Aktivitäten Bescheid als der Principal.

Abbildung 2.1:   *Principal-Agent-Beziehung. Principal ist der Eigentümer, Agent der Vertreter des Leitungsorgans (Chief Executive Officer)*

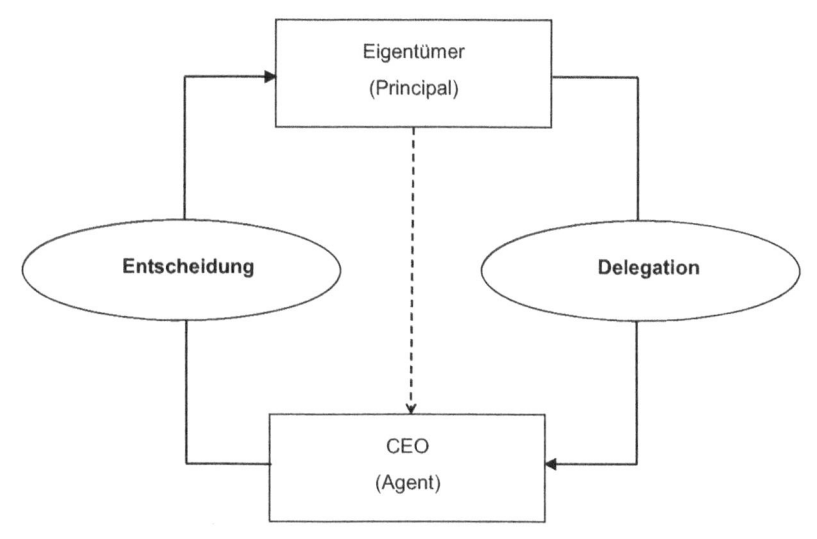

Dementsprechend müssen in der *Unternehmensverfassung* Regelungen vorgesehen werden, durch die gewährleistet wird, dass trotz möglicher Interessendivergenz und naturgemäß gegebener Informationsasymmetrie ein Medizinbetrieb im Interesse seiner Eigentümer geführt wird. Im Falle eines Einzelunternehmens oder einer Personengesellschaft ist dies relativ unproblematisch realisierbar, da der Eigentümer alle wirtschaftlichen Entscheidungen selbst trifft und auch die daraus resultierenden Folgen trägt. Fallen jedoch die Eigentümer- und die Leitungsfunktion auseinander, werden bei den öffentlich-rechtlichen Rechtsformen (Eigenbetriebe, § 26 LHO-Betriebe, Anstalten des öffentlichen Rechts, Zweckverbände) und bei den privatrechtlichen Rechtsformen der Aktiengesellschaft (AG), der Gesellschaft mit beschränkter Haftung (GmbH) oder des eingetragenen Vereins (e. V.) – um nur die wichtigsten zu nennen – die Eigentümerinteressen, insbesondere die Kontrolle des Leitungsorgans, von einem Überwachungsorgan (Aufsichtsrat, Beirat, Ausschuss, Verwaltungsrat) wahrgenommen (*Trennungsmodell*). Dieses kann rein überwachenden Charakter haben, vergleichbar dem Aufsichtsrat einer Aktiengesellschaft, aber auch mit Entscheidungs- und Beratungskompetenzen ausgestattet sein. Neben diesen in der Unternehmensverfassung verankerten Einwirkungs- und Informationsrechten des Eigentümers/der Anteilseigner kann ein eigentümerkonformes Verhalten des Managements durch ein erfolgsabhängiges Vergütungssystem gefördert werden.

Im Rahmen seiner Überwachungsfunktion hat das Überwachungsorgan insbesondere über die Bestellung und Abberufung der Vertreter des Leitungsorgans zu entscheiden, dessen/deren Geschäftsführung zu überwachen, die Unternehmensverfassung, die Organisationsstruktur und die Wirtschaftspläne zu beschließen, den Jahresabschluss zu prüfen und über wichtige Rechtsgeschäfte wie Beteiligungen, den Erwerb und die Übertragung von Liegenschaften oder die Aufnahme von Krediten zu befinden. Von den Kompetenzen des Überwachungsorgans ausgenommen bleibt jedoch die ärztliche (Letzt-)Verantwortung für Diagnostik und Therapie im Rahmen der individuellen Patientenbehandlung.

Verfügt ein Träger über kein besonderes Überwachungsorgan, so obliegen die Aufsichtsbefugnisse bei einer Gesellschaft oder einem Verein dem Hauptorgan (Gesellschafter- oder Mitgliederversammlung), bei einer Behörde (z. B. Gesundheitsamt) dem Dienstvorgesetzten, mittelbar der zuständigen Rechtsaufsicht.

Beim *Vereinigungsmodell,* dessen Anwendung beispielsweise für schweizerische und amerikanische Krankenhauskonzerne gilt, ist eine zwingende Trennung zwischen einem Leitungs- und einem Überwachungsorgan nicht vorgesehen. Dann bildet der Verwaltungsrat (Obligationenrecht der Schweiz) oder der Board of Directors (US-amerikanische Board-Verfassung) die oberste Entscheidungsinstanz eines Unternehmens. Die Mitglieder des *Board of Directors* werden allein von den Anteilseignern, in der Regel durch das Shareholders' Meeting, das in seinen Rechten und Pflichten weitgehend der deutschen Hauptversammlung entspricht, gewählt. Arbeitnehmervertreter sind im Board nicht vorgesehen. Das Board setzt sich aus unternehmensinternen Mitgliedern (Inside Directors) und externen Mitgliedern (Outside Directors) zusammen und fungiert gleichermaßen als Leitungs- und Überwachungsorgan. Unterstützt wird das Board of Directors durch Top-Manager (*Chief Officers*), die Mitglied des Boards sein können, aber nicht müssen.

Aufgrund der Internationalisierung setzen sich auch in Deutschland, unbeschadet des geltenden Trennungsmodells, die Chief-Officers-Bezeichnungen immer mehr durch. Die gängigsten Bezeichnungen lauten:

- CEO   Chief Executive Officer (Vorstandsvorsitzender, Geschäftsführer)
- CAO   Chief Administrative Officer

   (Vorstand für interne Aufgabenbereiche wie Personalwesen)
- CDO   Chief Development Officer

   (Vorstand Unternehmens- und Geschäftsfeldentwicklung)
- CFO   Chief Financial Officer (Finanzvorstand)
- COO   Chief Operating Officer (Vorstand für das operative Geschäft)
- CIO   Chief Information Officer (IT-Vorstand)
- CTO   Chief Technical Officer (Technischer Vorstand)
- CLO   Chief Learning Officer (Vorstand Personalentwicklung)
- CMO   Chief Marketing Officer (Vorstand Vertrieb)
- CQO   Chief Quality Officer (Vorstand Qualitätsmanagement)
- CRO   Chief Research Officer (Vorstand Forschung und Entwicklung)

   oder Chief Risk Officer (Vorstand Risikomanagement).

Zur Erfüllung seiner Aufgaben kann das Board of Directors Ausschüsse und Komitees bilden, die Management- oder Treuhandaufgaben übernehmen; zum Beispiel das Executive Committee, das in der Regel die Geschäftsführung wahrnimmt, das Audit Committee, das die Abschlussprüfung vorbereitet, und das Nominating and Compensation Committee, das sich mit der Einstellung und Vergütung der Top-Manager beschäftigt.

2.3 Leitungsorgan

Das nach der Unternehmensverfassung vorgesehene Leitungsorgan wird durch eine oder mehrere angestellte Fremdpersonen repräsentiert, die treuhändisch mit Fremdvermögen umgehen.

Dem als Singular- oder als Pluralinstanz ausgeprägten Leitungsorgan obliegt die Gesamtführung des Medizinbetriebes nach Maßgabe der Vorgaben des Überwachungsorgans sowie der entsprechenden Eigentümer-/Trägerentscheidungen und – abhängig von der Rechtsform des Medizinbetriebes – die Vertretung der Gesellschaft, des Vereins, der Stiftung oder der Anstalt im Rechtsverkehr.

Betriebliche Entscheidungen auf der Ebene des Leitungsorgans können singulär oder, bei einer Pluralinstanz, nach dem Direktorial- oder Kollegialprinzip organisiert werden. Im Unterschied zur Primatkollegialität beim *Direktorialprinzip* werden Entscheidungen beim *Kollegialprinzip* grundsätzlich entweder als Mehrheitsbeschluss (Abstimmungskollegialität) oder durch Einstimmigkeit (Kassationskollegialität) gefällt. Da bei der Kassationskollegialität jedem Mitglied der Geschäftsführung faktisch ein Vetorecht eingeräumt wird, kann das Leitungsorgan bei seinen Entscheidungen immer blockiert und damit handlungsunfähig werden. Für diesen Fall müssen deshalb in der Geschäftsordnung entsprechende Regelungen dergestalt vorgesehen werden, dass das dem Leitungsorgan übergeordnete Überwachungsorgan zwecks Bestätigung oder Revision der Entscheidung angerufen werden kann.

2.4 Führungskräfte

Das Leitungsorgan besitzt aus dem Direktionsrecht abgeleitete, jedoch durch Regeln der betrieblichen Mitbestimmung eingeschränkte, Entscheidungs- und Weisungsbefugnisse, die in Verbindung mit der Delegation von Aufgaben und Verantwortlichkeiten auf nachgeordnete Akteure (*Führungskräfte*) beziehungsweise dem Leitungsorgan subsidiäre Leitungsebenen/Instanzen übertragen werden können (Abb. 2.2). Selbstverständlich hat der Delegierende jederzeit das Recht, die übertragenen Dispositions- und Entscheidungsrechte wieder zurückzufordern, einzuengen oder umzuformulieren, wenn er dies für erforderlich hält. Delegiert das Leitungsorgan Entscheidungs- und Weisungsbefugnisse, so sind der oder die Organvertreter verpflichtet, die nachgeordneten Führungskräfte sorgfältig auszuwählen, zu überwachen und im Rahmen ihrer *Organisationsverantwortung* eine funktionierende Organisations- und Prozessstruktur zu schaffen (§ 14 StGB, §§ 9 und 130 OwiG, § 618 BGB, § 3 ArbSchG). Versäumen sie dies und tritt ein Schaden ein, so haften die geschäftsführenden Organvertreter kollektiv unter dem Gesichtspunkt des Organisationsverschuldens.

Unterhalb des Leitungsorgans bestimmt unter anderem das Ausmaß der hierarchischen Stufung der Entscheidungs- und Weisungsbefugnisse die Anzahl der *Leitungsebenen* und den Umfang der *Leitungsspannen*. Abhängig vom Umfang der delegierten Entscheidungsbefugnisse spricht man dabei (vereinfachend) von einer oberen, mittleren und unteren Leitungsebene oder vom Top-, Middle- und Lower-Management, wobei die Entscheidungs- und Handlungsspielräume der Führungskräfte vom Top-

zum Lower-Management immer geringer werden (Abb. 2.2). Im Ergebnis resultiert aus der Delegation von Entscheidungs- und Weisungsbefugnissen und der Implementierung geeigneter Kontrollstrukturen die aufbauorganisatorische Strukturierung des dispositiven Faktors (*Leitungsstruktur*).

Abbildung 2.2:   *Leitungsebenen im Medizinbetrieb*

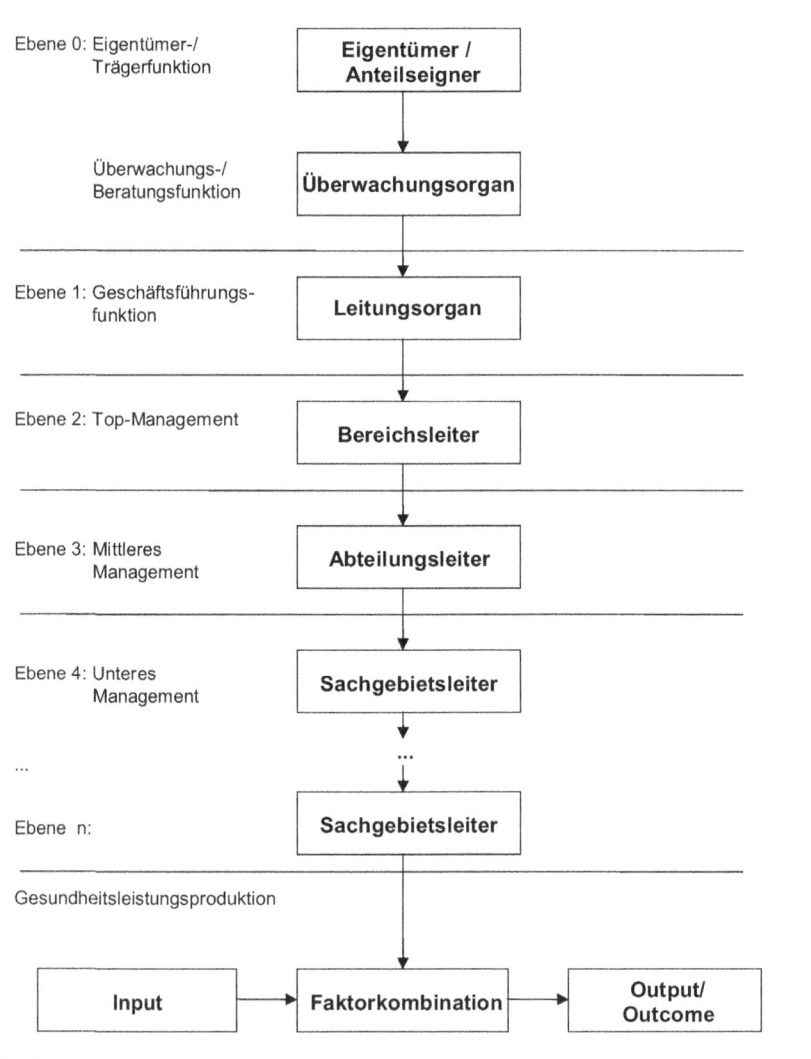

2.5   Leitungsgremien und Projektgruppen

Um die subsidiären und supplementären Aktivitäten der einzelnen Akteure unterein-ander und mit der medizinbetrieblichen Umwelt abzustimmen, bedarf es der Bildung und Vernetzung sozialer Gruppen (Malik, 2002). Die Auswahl der in eine Gruppe zu berufenden Akteure ist jeweils kontextabhängig (z. B. strategische oder operative Gremien, Einheiten, Projekte) und richtet sich nach ihren Rollen und der Leitungsebe-ne. Die Vernetzung der Gruppen erfolgt zweckmäßig nach dem von Likert (1992) vorgeschlagenen *Linking-Pin-Prinzip*. Es besteht aus einer Vielzahl sich überlappender Gruppen oder Teams. Die Überlappungen können vertikaler und horizontaler Art sein und werden durch Personen, die in beiden Gruppen Mitglied sind, institutionali-siert. Diesen „Linking Pins" kommt die Aufgabe der Vernetzung und Koordination der Gruppen zu. Abbildung 2.3 zeigt das Linking-Pin-Modell als Netzwerk horizontal und vertikal vermaschter sozialer Gruppen.

Abbildung 2.3:   *Das Linking-Pin-Prinzip nach R Likert (1992) unterstützt als Führungs-substitut die Personalführung über vernetzte Gruppen. Jeder Leiter einer Gruppe (ausgenommen der Topleiter) gehört jeweils zwei Gruppen an.*

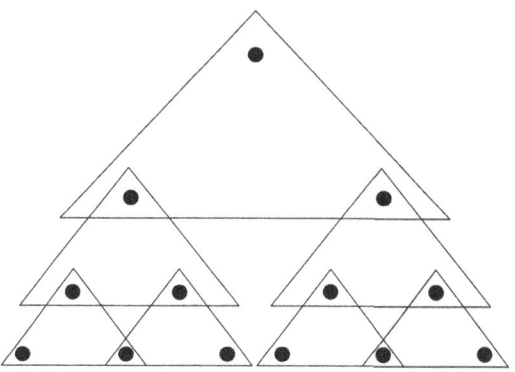

Das Linking-Pin-Prinzip kann unmittelbar auf die Definition medizinbetrieblicher *Konferenzstrukturen* übertragen werden (Abb. 2.4). Beispielsweise gehört der medizinische Leiter eines Krankenhauses sowohl dem Strategiegremium als auch der Gruppe der „Chefärzte" an, die wiederum Mitglieder von Abteilungsteams sind. Eine solche personelle Vernetzung unterstützt sowohl die Integration der verschiedenen Führungsebenen als auch der, vor allem in größeren Medizinbetrieben (Krankenhäusern), traditionell berufsständisch vertikal versäulten Organisationsstruktur (Medizin, Pflege, Verwaltung). Zwischen den Akteuren einer Gruppe und den Subsidiären können vielfältige Leitungs- oder Moderationsbeziehungen (z. B. Aufsicht, Auditierung, Koordinierung, gleichberechtigte Abstimmung) modelliert werden.

Abbildung 2.4: *Konferenzstruktur eines Krankenhauses mit singulärer Leitungsstruktur (Beispiel)*

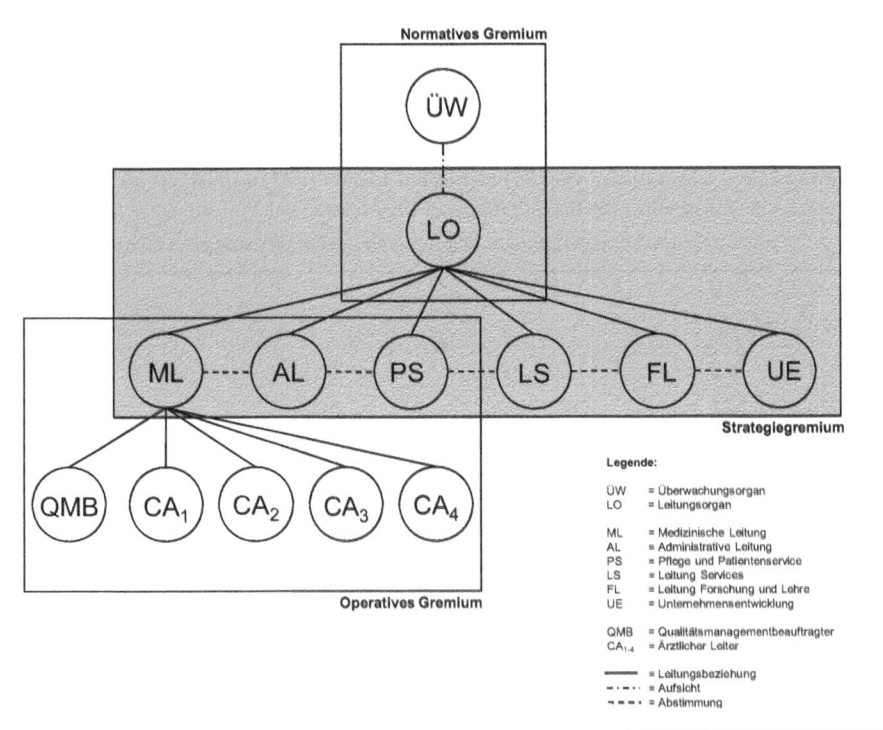

3   Managementprozesse

Das (System-)Verhalten des Medizinbetriebes wird durch die vom dispositiven Faktor ausgeübten Managementprozesse mediiert und, ebenso wie das Ergebnis der medizinbetrieblichen Wertschöpfung, durch generische Ordnungsmomente moderiert.

Die Managementprozesse umfassen alle Führungsaufgaben, die mit der Gestaltung, Lenkung (Steuerung) und Entwicklung eines Medizinbetriebes zu tun haben (Ulrich, 1984). Abhängig vom Managementobjekt kann dabei unterschieden werden zwischen normativen Orientierungsprozessen, strategischen Entwicklungsprozessen, operativen Strukturierungsprozessen (Rüegg-Stürm, 2003) und biophilen Führungsprozessen (Seelos, 2007a, 2008b).

Funktional konkretisiert sich das Managementhandeln des dispositiven Faktors als Abfolge sach- oder personenbezogener Teilprozesse (auch als *Führungsfunktionen* oder konstitutive Elemente der Führung bezeichnet), die als eine Art „Mikro-Logik" die einzelnen Managementprozesse steuern (Daenzer et al., 2002). Diese Mikro-Logik, die in der Managementliteratur als *Managementregelkreis* apostrophiert wird, fasst Rüegg-Stürm (2003) wie folgt zusammen (Abb. 3.1): Die *Orientierung* ist auf Analyse, Reflexion und die Generierung von Ideen und Orientierungswissen ausgerichtet, die *Planung* auf die Identifikation konkreter Ziele und auf eine verbindliche Zielvereinbarung, die *Umsetzung* auf die Überführung der Ziele in Aktivitäten und Routinen des medizinbetrieblichen Alltags unter Bereitstellung der benötigten Ressourcen und die *Kontrolle* auf die Schließung dieses Führungskreislaufs durch institutionalisierte Feedbackschlaufen. *Information* und *Kommunikation* verbinden die einzelnen Teilprozesse miteinander.

Abbildung 3.1: *Regelkreis der (sachbezogenen) Führungsfunktionen für die sich im Schrifttum mitunter auch andere Strukturierungen finden; z. B. Planung, Steuerung und Kontrolle*

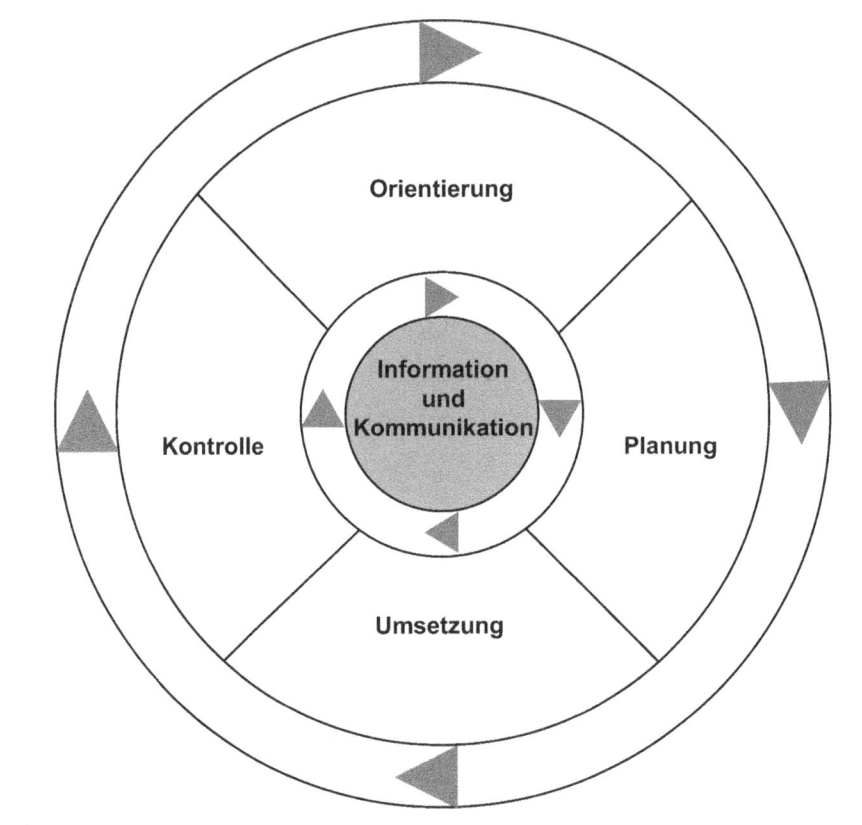

3.1   Handlungssphären

Für den dispositiven Faktor lassen sich (übrigens nicht nur im Medizinbetrieb) vier verschiedene Sphären des Managementhandelns unterscheiden (Dubs et al., 2003; Seelos 2007a):

- normativ,

- strategisch,

- operativ,

- biophil.

3.1.1 Normatives Medizinmanagement

Das dem Eigentümer (Träger) eines Medizinbetriebes obliegende normative Medizinmanagement definiert das Selbstverständnis des Medizinbetriebes in Bezug zu seinem gesellschaftlichen, gesundheitspolitischen und wirtschaftlichen Umfeld (*Kontext*). Angesichts konfligierender Anliegen und Interessen der verschiedenen Anspruchsgruppen (*Stakeholders*) geht es dabei vor allem um die Legitimation und Abgrenzung der medizinbetrieblichen Tätigkeit (*Sinnstiftung*) und den Aufbau unternehmerischer Verständigungspotenziale im Hinblick auf gesellschaftliche Wertorientierungen und die Anerkennung moralischer Eigenwerte.

3.1.2 Strategisches Medizinmanagement

Das strategische Medizinmanagement ist auf den Aufbau, die Pflege und die Ausbeutung nachhaltiger Erfolgspotenziale gerichtet, für die medizinbetriebliche Ressourcen eingesetzt werden müssen. Es umfasst damit die Aufgabenfelder einer integrierten Strategie- und Wandelarbeit, die bei der Entwicklung einer kohärenten Ausrichtung zur Erreichung der medizinbetrieblichen Zwecksetzung und deren erfolgreichen Umsetzung in den betrieblichen Alltag zu leisten ist (Müller-Stewens et al., 2005). Im Sinne eines hierarchischen Systembegriffs werden Medizinbetriebe dabei wiederum als Subsysteme eines größeren Ganzen angesehen; sie sind Teil ihrer Branchenumwelt (Gesundheitswirtschaft), die wiederum in eine Makroumwelt (Gesamtwirtschaft) eingebettet ist (Abb. 3.2). Dazu bedarf es der Ausprägung geeigneter Schnittstellen zwischen dem Medizinbetrieb und seiner Umwelt, aber auch einer strukturierenden Gestaltung des Medizinbetriebes selbst (*Medizinorganisation*).

Abbildung 3.2: *Aspekte des medizinbetrieblichen Systembegriffs in Anlehnung an Ninck et al., Systemik - Vernetztes Denken in komplexen Situationen. Copyright © 2004, 4. vollst. überarbeitete Auflage 2004, Zürich, Orell Füssli für Verlag Industrielle Organisation, Seite 33*

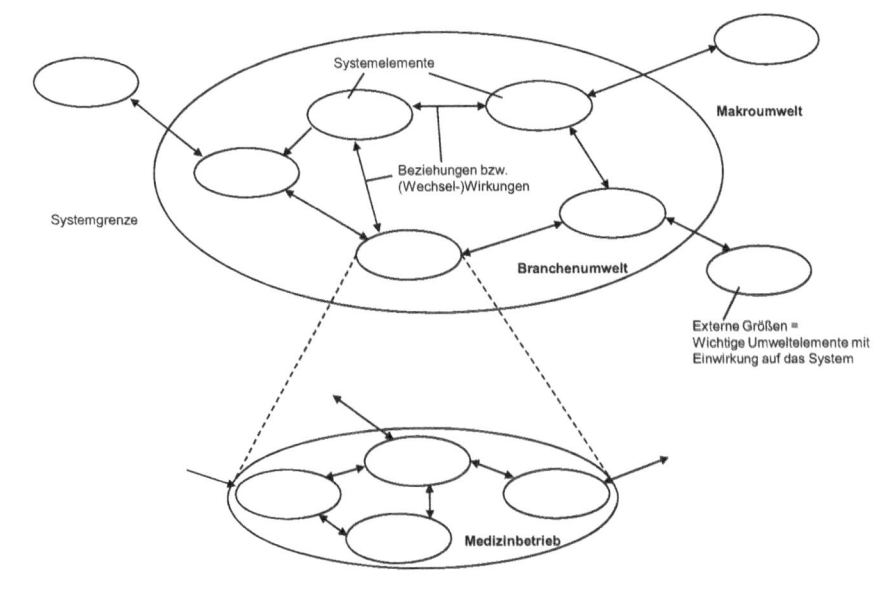

3.1.3   Operatives Medizinmanagement

Das operative Medizinmanagement bezeichnet diejenige Handlungssphäre des dispositiven Faktors, die dem Vollzug der normativen und strategischen Vorgaben durch deren prozesshafte Umsetzung dient. Die komplementären Aspekte operativer Strukturierungs- und strategischer Entwicklungsprozesse zeigt Tabelle 3.1. „Systeme" (präziser, die Komponenten des medizinbetrieblichen Managementsystems) geben dabei dem medizinbetrieblichen Alltagsgeschehen die notwendige Zielkohärenz und Stabilität (dazu näher Absatz 3.2.5).

Tabelle 3.1: *Komplementäre Aspekte von operativen Strukturierungs- und strategischen Entwicklungsprozessen (Sobhani, 2009), Seite 33*

Operative Strukturierungsprozesse	Strategische Entwicklungsprozesse
Kurzfristig	Langfristig
Die Dinge richtig tun	Die richtigen Dinge tun
Erfolgspotenziale nutzen	Erfolgspotenziale herstellen
Überwiegend nach innen orientiert	Nach außen und nach innen gerichtet
Ansprüche erfüllen	Ansprüche identifizieren
Inneres Gleichgewicht	Äußeres Gleichgewicht
Routine	Innovation
Effizienz	Effektivität
Stabilität herstellen	Veränderung bewirken

3.1.4 Biophiles Medizinmanagement

Das andernorts (Seelos, 2007a, 2008b) ausführlich behandelte biophile (auf den Menschen bezogene) Medizinmanagement begreift sich als jede (versuchte) sozial akzeptierte Beeinflussung der Einstellungen und des Verhaltens von Menschen (Beschäftigte, Patienten, Angehörige) mit dem Zweck, bestimmte Organisationsziele (Personalführung) oder bestimmte individuelle Behandlungsziele oder kollektive Ziele der Gesundheitsversorgung zu erreichen (Patientenführung, Angehörigenarbeit).

Die folgenden Ausführungen beschränken sich auf diejenigen Handlungssphären des dispositiven Faktors, die unmittelbar im Kontext mit dem Medizinbetrieb als Managementobjekt stehen, also auf das normative, das strategische und das operative Medizinmanagement.

3.2 Ordnungsmomente

Ordnungsmomente moderieren als Wirkfaktoren sowohl die medizinbetrieblichen Prozesse als auch deren Resultate. Sie geben dem organisationalen Alltagsgeschehen eine kohärente Form, indem sie diesem eine gewisse Ordnung auferlegen und auf diese Weise die medizinbetrieblichen Prozesse mehr oder weniger effektiv auf die Erzielung bestimmter Wirkungen und Ergebnisse ausrichten (Giddens, 1997; Rüegg-Stürm, 2003). Für Medizinbetriebe werden fünf Ordnungsmomente definiert, zwischen denen ein „Fit" (Stimmigkeit) bestehen muss (Abb. 3.3).

Abbildung 3.3:   *„Fit" (Stimmigkeit) zwischen den Ordnungsmomenten in Anlehnung an das 7-S-Modell von Peters und Waterman (1982)*

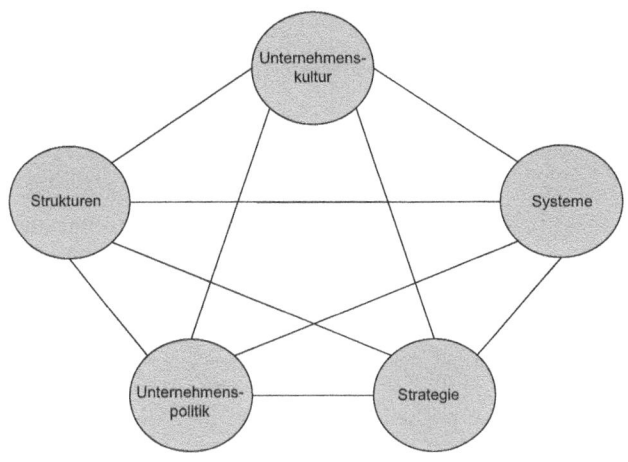

Die Zusammenhänge zwischen den einzelnen Handlungssphären, den nachfolgend näher beschriebenen Ordnungsmomenten und deren Materialisierungen ist in Tabelle 3.2 dargestellt.

Tabelle 3.2:	*Medizinbetriebliche Ordnungsmomente und ihre Materialisierungen. Sie bauen hierarchisch so aufeinander auf, dass die normativen Ordnungsmomente (Unternehmenspolitik, Unternehmenskultur) den Rahmen für die strategischen Ordnungsmomente (Strategie, Strukturen) und diese wiederum den Rahmen für das operative Ordnungsmoment (Systeme) vorgeben.*

Handlungssphäre	Ordnungsmoment	Materialisierung
Normatives Medizinmanagement	Unternehmenspolitik	Corporate Governance Mission
	Unternehmenskultur	Corporate Behaviour Corporate Identity
Strategisches Medizinmanagement	Strategie	Vision Gesamtstrategie Teilstrategien
	Strukturen	Aufgabenstruktur Leitungsstruktur Organisationsstruktur Prozessstruktur
Operatives Medizinmanagement	Systeme	Ziel- und Strategiesystem Organisationssystem Controllingsystem Qualitätsmanagementsystem Risikomanagementsystem Sicherheitsmanagementsystem Humanführungssystem

3.2.1 Unternehmenspolitik

Die Unternehmenspolitik als Ordnungsmoment wirkt in ihrer konstitutiven (das Wesen einer Sache bestimmenden) Rolle normierend für alle übrigen Dimensionen des Medizinmanagements. Diesbezügliche Grundsatzentscheidungen betreffen erstens die Corporate Governance, also den rechtlichen und faktischen Ordnungsrahmen für die Leitung und Überwachung eines Medizinbetriebes, und zweitens die Festlegung der Mission, also der Aufgaben im System der gesundheitlichen Versorgung.

3.2.1.1 Corporate Governance

Bei der Gestaltung ihrer Rahmenordnung besitzen Medizinbetriebe durchaus einen Gestaltungsspielraum, da eine *Unternehmensverfassung* im Gegensatz zur Staatsverfassung nicht einheitlich kodifiziert ist. Die Unternehmensverfassung basiert nämlich nur teilweise auf gesetzlichen Vorgaben, wie etwa dem Gesellschafts-, Arbeits-, Mitbestimmungs-, Wettbewerbs-, Kapitalmarkt- und Verbraucherschutzrecht (Hungenberg u. Wulf, 2007). Darüber hinaus beruht sie zu wesentlichen Teilen, insoweit nicht gesetzlich geregelt (so in einem Errichtungsgesetz bei einer AöR), auf kollektivvertraglichen Vereinbarungen wie Tarifverträgen oder Betriebsvereinbarungen und vor allem auf privatrechtlichen Vereinbarungen zwischen den Unternehmensträgern, die in Form von *Gesellschaftsverträgen* (GmbH) oder *Satzungen* (Aktiengesellschaft, Stiftung, Verein und bei öffentlichen Rechtsformen) niedergelegt sind. Für die Anstalt öffentlichen Rechts (AöR) gelten ihre Satzung, die Regelungen des Gesetzes, durch das die Anstalt errichtet wurde oder das die Ermächtigung zur Errichtung der Anstalt bildete, sowie die jeweils einschlägigen verwaltungsrechtlichen Bestimmungen. Damit gibt die Unternehmensverfassung dem Medizinbetrieb nicht nur eine verlässliche, sondern auch eine rechtswirksame innere Ordnung (Tab. 3.3).

Tabelle 3.3:   *Regelungstatbestände einer Unternehmensverfassung*

- Namensführung und Sitz des Unternehmens
- Gegenstand des Unternehmens (Zwecksetzung)
- Stammkapital und Stammeinlage
- Organe
- Aufgaben des Überwachungsorgans, dessen Zusammensetzung und Kontrollrechte
- Aufgaben des Leitungsorgans, dessen Bestellung, Abbestellung und Vertretung
- Rechnungslegung und Prüfung
- Geschäftsjahr
- Erwerb, Einziehen und Rückgabe von Geschäftsanteilen
- Auflösung und Liquidation des Unternehmens
- Finanzierung der Gründungskosten
- Schriftform
- Schlussbestimmungen

Ausgehend von den Interessen und Erwartungen der Stakeholders und Shareholders an eine „gute Unternehmensführung" im Sinne von Nachhaltigkeit, Glaubwürdigkeit, Effizienz und Transparenz, stellen Regelungen zur Corporate Governance – auch für Medizinbetriebe – vier Forderungen in den Vordergrund:

- die Motivation der Akteure zu wertorientiertem Verhalten,

- die Institutionalisierung von Planung und Kontrolle,

- die Verbesserung der Überwachung und Kontrolle von Unternehmen durch Transparenz,

- Sanktionsmöglichkeiten bei Missachtung von Corporate Governance-Vorgaben.

Dazu wurden in den letzten Jahren diverse gesetzliche Vorschriften und untergesetzliche *Governance-Standards* geschaffen[2]. Neben gesetzlichen Sorgfaltspflichten für die

---

[2] Zum Beispiel allgemeine Sorgfaltspflichten nach § 53 HGrG, §§ 93, 116 AktG, Risikofrüherkennung gem. § 91 Abs. 2 AktG, Deutscher Corporate Governance Kodex (DCGK), Public Corporate Governance Kodex (PCGK), Anforderungen an die Rechnungslegung und inter-

Vertreter des Überwachungs- und Leitungsorgans zählen hierzu auch branchenspezifische Regelungen bezüglich der organisatorischen Compliance und Risikosteuerung, die Gegenstand der internen Revision und teilweise auch beim Jahresabschluss prüfungspflichtig sind. Zur Vermeidung persönlicher Haftungsrisiken muss sich das Überwachungsorgan von der Wirksamkeit eines vom Leitungsorgan einzurichtenden *Risikomanagementsystems* versichern und vom Vertreter des Leitungsorgans eine regelmäßige und angemessene Berichterstattung über den Geschäftsverlauf und betriebliche Risiken einfordern.

Für die normative Handlungssphäre des Medizinmanagements heißt dies zusammengefasst:

- Die Praktizierung einer *wertorientierten Unternehmensführung*, das heißt

  - die Ausrichtung von Managemententscheidungen auf eine langfristige Wertschöpfung,

  - die Sicherung der Ordnungsmäßigkeit und Verlässlichkeit der internen und externen Rechnungslegung,

  - die Einrichtung eines internen Kontrollsystems, eines angemessenen Risikofrüherkennungssystems und einer wirksamen Innenrevision,

- das Einhalten von Gesetzen und der für den Medizinbetrieb maßgeblichen rechtlichen Vorschriften, das Befolgen anerkannter Standards und Empfehlungen sowie das Entwickeln und Befolgen eigener Unternehmensleitlinien (*Compliance-Management*) und

---

nen Kontrollsysteme sowie an die Lageberichterstattung (z. B. HGB, Börsenregelungen, Steuerrecht, Grundsätze ordnungsgemäßer Buchführung (GoB), Grundsätze ordnungsgemäßer DV-gestützter Buchführungssysteme (GoBS) gemäß Nr. 146 V AO, Gesetz zur Kontrolle und Transparenz im Unternehmenssektor (KonTraG), Bilanzrechtsmodernisierungsgesetz (BilMoG)).

- die Beiträge des Medizinbetriebes zu Aspekten der *Corporate Social Responsibility* (ergänzend zum jährlichen Geschäftsbericht) in Nachhaltigkeitsberichten offenzulegen.

3.2.1.2   Mission

Die Mission (oder auch *Unternehmensphilosophie*) steht für die ganzheitliche Interpretation der wirtschaftlichen und gesellschaftlichen Funktion und Stellung des Medizinbetriebes und die daraus abzuleitenden Sinnzusammenhänge und Wertebezüge des Managements (Ulrich u. Fluri, 1995). Grundlegend hierfür ist die in der Unternehmensverfassung festgelegte medizinbetriebliche Zwecksetzung.

Soweit es die Produktion von Gesundheitsleistungen betrifft, wird diese durch einen regionalen *Leistungsauftrag* im Rahmen des Gesamtsystems der gesundheitlichen Versorgung definiert.

Der Leistungsauftrag (auch Versorgungsauftrag) unterliegt einer speziellen „normativen Vorprägung". Er bestimmt sich weniger durch privatautonome Entscheidungen respektive Vereinbarungen der Leistungserbringer und deren Kunden, sondern nach den besonderen gesetzlichen öffentlich-rechtlichen Regularien des Gesundheitssystems. Diese (insbesondere das SGB V und die Landeskrankenhausgesetze) weisen den Marktteilnehmern unmittelbar oder mittelbar bestimmte Funktionen beziehungsweise Leistungsformen zu. Damit sind zahlreiche Rechte und Pflichten verbunden, welche die Möglichkeiten der freien Marktteilnahme hinsichtlich des „Ob" und „Wie" – und damit auch die privatautonome Definition des Leistungsauftrages – wesentlich begrenzen. Eine generelle Aussage zu Art und Umfang dieser normativen Vorprägung ist nicht möglich, vielmehr muss nach den verschiedenen Leistungsformen (vgl. Abb.

1.1) unter Berücksichtigung der jeweils für die Anbietergruppen geltenden Regelungen differenziert werden. Dies kann an folgenden Beispielen veranschaulicht werden:

- Das (Plan-)Krankenhaus erhält durch seine Aufnahme in den Krankenhausbedarfsplan des Landes und den zugehörigen Feststellungsbescheid einen besonderen rechtlichen Status, welcher nicht nur das Recht, sondern auch die Pflicht vermittelt, in einem bestimmten fachlichen Segment an der (teil-)stationären Versorgung mitzuwirken. Dieser Leistungsauftrag spezifiziert das medizinische Fachgebiet (nach der ärztlichen Aus- und Weiterbildungsordnung), die Versorgungsform und den geografischen Standort der Versorgungskapazitäten.

- Entsprechendes gilt auch für medizinische Versorgungszentren und Vertragsärzte, die durch ihre Zulassung jeweils einen Rechtsstatus erhalten, der sie zur Teilnahme an der ambulanten medizinischen Versorgung verpflichtet.

- Auch Rehabilitationskliniken werden im Rahmen ihres jeweiligen Versorgungsvertrages in das Pflichtenregime eingebunden und erhalten damit einen konkreten Versorgungsauftrag.

- Der zugelassene Rettungsdienst erhält mit seiner Zulassung eine konkrete Aufgabe im Versorgungssystem zugeteilt, die er wahrnehmen muss.

Die starke öffentlich-rechtliche Vorprägung des Leistungsauftrages für Medizinbetriebe erfolgt letztlich in Konsequenz der Gewährleistungsverantwortung des Staates für die Gesundheit seiner Bürger und der daraus resultierenden Pflicht zur Planung und Vorhaltung der erforderlichen medizinischen Versorgungsstrukturen (zum staatlichen Gewährleistungsauftrag siehe Absatz 5.1.2). Klarzustellen ist, dass diese öffentlich-rechtliche Prägung des Leistungsauftrages von Medizinbetrieben nicht durch privatautonome (zivilrechtliche) Entscheidungen modifiziert werden kann. Jedoch ist es den Medizinbetrieben unbenommen, mit ihrer selbst gesetzten unternehmerischen Ziel- und Zweckbestimmung in der Unternehmensverfassung einen weiteren Rahmen zu stecken, dessen tatsächliche Ausnutzung allerdings von einer entsprechenden Erweiterung ihres öffentlich-rechtlichen Zulassungsstatus abhängt.

Keinen unmittelbaren gesetzlichen öffentlich-rechtlichen Leistungsauftrag haben allerdings diejenigen Betriebe im Gesundheitswesen, die nicht unmittelbar in die Patientenversorgung eingebunden sind, sondern lediglich Sachleistungen zuliefern, also „Produzenten" wie Medizingeräte-Hersteller, Hilfsmittel-Hersteller, pharmazeutische Unternehmen. Diese unterliegen zwar ebenfalls zahlreichen Reglementierungen, insbesondere zur Qualitätssicherung, haben jedoch keine öffentlich-rechtliche Verpflichtung zur Erbringung oder Vorhaltung bestimmter Leistungen im Gesundheitssystem.

3.2.2   Unternehmenskultur[3]

Anders als die Unternehmensverfassung, deren Regelungen die medizinbetriebliche Rahmenordnung und Zwecksetzung zum Ausdruck bringen, reflektiert die Unternehmenskultur den gemeinsamen *Sinnhorizont* der Beschäftigten. Allerdings lässt sich dieser nicht unmittelbar erschließen, denn die Unternehmenskultur ist im Wesentlichen ein implizites Phänomen. Ein Versuch, die verschiedenen Ebenen einer Unternehmenskultur zu ordnen und ihre Beziehungen zueinander zu klären, ist das *Kultur-Ebenen-Modell* von Schein (1995). Es unterscheidet drei Ebenen, wobei sich der Begriff „Ebene" auf den Grad der Sichtbarkeit eines kulturellen Phänomens für den Wahrnehmenden bezieht (Abb. 3.4). Die einzelnen Ebenen reichen von den Artefakten, also ohne Weiteres sichtbaren, spürbaren und offenkundigen Erscheinungsformen oder

---

3   Auszugsweise aus Seelos (2007a) Personalführung in Medizinbetrieben. Gabler Verlag, Seite 88 ff.

Gestaltungselementen der Unternehmenskultur (Riten, Rituale, Mythen, Geschichten, Symbole), über die propagierten Normen und Orientierungsmuster bis hin zu den tief verwurzelten Hintergrundüberzeugungen und Werthaltungen gegenüber Anspruchsgruppen (z. B. das ärztliche Gesundheitsverständnis, die Einstellung zum übernommenen Versorgungsauftrag, das Verständnis von Gemeinwohl).

Abbildung 3.4:   *Kultur-Ebenen-Modell in Anlehnung an Schein (1995), Seite 30*

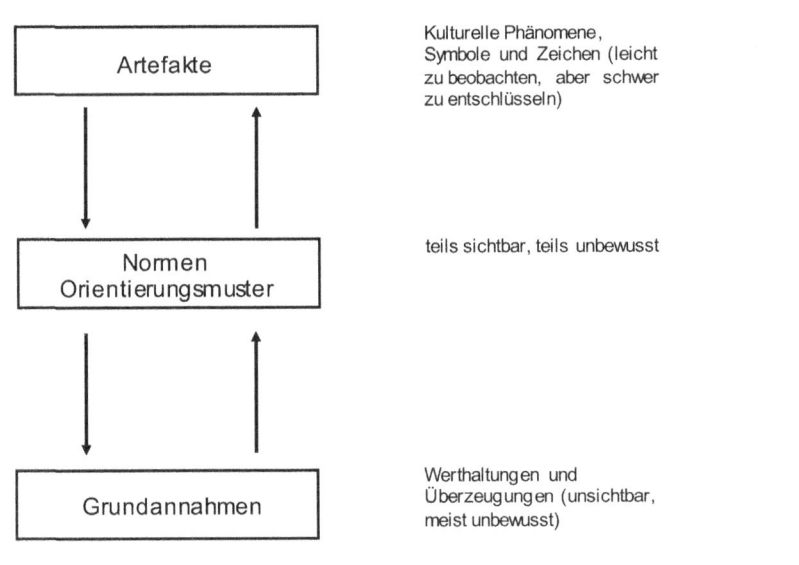

Die für jeden Medizinbetrieb spezifischen *kulturellen Inhalte* konstituieren sich durch das Zusammenspiel gesellschaftlicher multikultureller Orientierungs- und Verhaltensmuster, Menschenbildern und berufsständischen Werthaltungen der Handelnden, der sozialen Zusammensetzung und Diversität der Beschäftigten, Merkmale der medizinbetrieblichen Struktur (beispielsweise Organisationsgröße, Zentralisierungsgrad, Leitungsspanne), der Trägerschaft und der Rechtsform. So können etwa eine Arztpraxis, ein medizinisches Forschungsinstitut, ein Krankenhaus in privater, in öffentlichrechtlicher oder in freigemeinnütziger Trägerschaft durchaus eine unterschiedliche

Kulturauffassung vermitteln. Die Wertvorstellungen und Überzeugungen oder die daraus abgeleiteten Normen und Orientierungsmuster, die sich im Laufe der Zeit in Sozialisations- und Lernprozessen herausgebildet haben, prägen das Entscheiden und Handeln der Beschäftigten, das wiederum die Kultur beeinflusst (Abb. 3.5). Die Beschäftigten sind also gleichermaßen Kulturträger und Kulturgestalter.

Unternehmenskultur[4] als die Gesamtheit der von der Mehrheit der Beschäftigten gemeinsam geteilten, gelebten und symbolisch repräsentierten Wertvorstellungen (gelebtes Wertesystem) macht damit, jedenfalls bis zu einem gewissen Grad, Entscheiden und Handeln im Medizinbetrieb kohärent.

Medizinbetrieben ist a priori eine humanitäre Kultur inhärent, die jedoch bei den Beschäftigten unterschiedlich internalisiert sein kann. So wird im Medizinbetrieb nahezu jedes Begehren, jede Handlung mit dem Wohl des Patienten begründet. Jedoch lässt sich bei dem gegebenen Zielgemenge (Individualziele, Organisationsziele) oftmals schwer beurteilen, welches Ziel im Einzelfall tatsächlich verfolgt oder welches Ziel zum Vorwand wird (Rathje, 2003). Insbesondere wird der Medizinbetrieb durch die Ökonomisierung der Medizin zunehmend weniger als eine kohäsive Gemeinschaft erlebt, sondern als ein multikulturelles, pluralistisches Gebilde, das sich aus einer Vielzahl von Subkulturen zusammensetzt.

---

4   Verwandt, aber nicht zu verwechseln mit dem Begriff „Unternehmenskultur" sind die Begriffe *„Betriebsklima"* und „Corporate Identity". Im Gegensatz zur Unternehmenskultur beschreibt das Betriebsklima den Grad der Übereinstimmung zwischen den Erwartungen und Bedürfnissen der Beschäftigten und der Arbeitsatmosphäre im Medizinbetrieb. Dabei resultieren die Erwartungen und Bedürfnisse aus der kulturellen Prägung der Beschäftigten bzw. des Medizinbetriebes. Corporate Identity bezeichnet das einheitliche Erscheinungsbild eines Medizinbetriebes nach außen.

Abbildung 3.5:   *Dualitätsprinzip der medizinbetrieblichen Kultur nach Seelos (2006a), Seite 118; Abdruck mit Genehmigung von Georg Thieme Verlag KG, Stuttgart.*

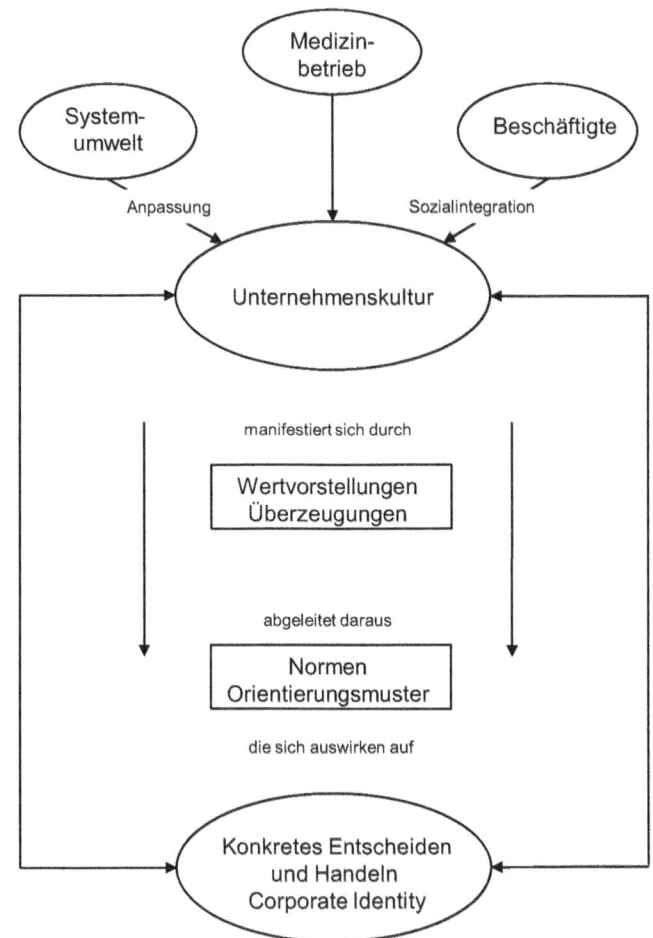

Subkulturen definieren sich durch gruppenspezifische Wertvorstellungen, Normen sowie, Denk- und Verhaltensmuster und etablieren sich nach berufsständischen (z. B. ärztliche Mitarbeiter), hierarchiebezogenen (z. B. Chefärzte) oder aufbaustrukturellen (z. B. die Beschäftigten einer Station) Kriterien. Weil bewusster und vielleicht auch unmittelbarer erlebt, wird von den Beschäftigten die Zugehörigkeit zu einer Subkultur häufig als wichtiger eingeschätzt als jene zu einer unternehmensweiten medizinbetrieblichen Kultur (*Leitkultur*). Subkulturen begünstigen berufsständische Abgrenzungen, etwa zwischen dem ärztlichen Dienst und dem Pflegedienst. Sie können die Leitkultur fördern, wenn ihre Werte und Normen (modellhaft) kulturkonformes Verhalten verstärken. Möglich sind aber auch indifferente Subkulturen, deren Werte nicht mit denen der Leitkultur kollidieren, und dysfunktionale Subkulturen (*Gegenkulturen*), deren Werte in Konkurrenz oder gar im Konflikt zur Leitkultur stehen.

Wertekonflikte können auftreten, wenn einzelne Werte der medizinbetrieblichen Kultur zueinander oder mit Werthaltungen der Beschäftigten in Widerspruch stehen; so zum Beispiel implizite Leitbilder, berufsständische Wertvorstellungen, Menschenbilder, Tabus, Paradigmen und Rollen (Abb. 3.6).

Abbildung 3.6:   *Wertekonflikte mit dem und innerhalb des medizinbetrieblichen Wertesystems*

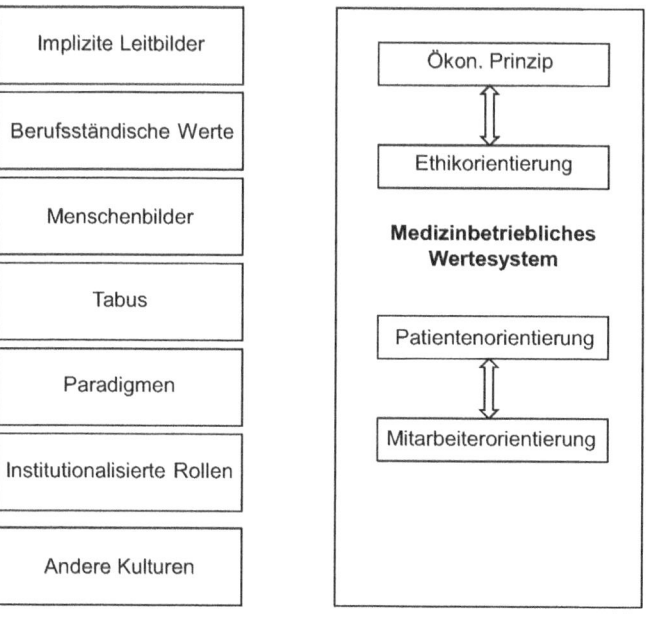

Ein für Medizinbetriebe typischer Wertekonflikt besteht zwischen einer deontologischen und einer teleologischen Kultur. In der Beziehung zum Patienten hat der Medizinbetrieb eine deontologische Kulturverpflichtung, das bedeutet, dass die Verbindlichkeit und Qualität einer Handlung aus ethischen und rechtlichen Gründen nicht von deren (ökonomischen) Folgen abhängig gemacht werden darf. Insbesondere haben alle Handlungen zu unterbleiben, die a priori als nachteilig für die Gesundung des Patienten erkannt werden. Demgegenüber verlangt die für die Gesundheitsleistungsproduktion gültige Orientierung am ökonomischen Prinzip (auch) ein teleologisches Zweck-Mittel-Denken. Letzteres ist aber gerade eine instrumentelle Voraussetzung, um knappe Mittel möglichst effizient für die übergeordneten ethischen Ziele einzusetzen. So gesehen ist Ökonomie kein Selbstzweck, sondern erhält instrumentalen Charakter (Rathje, 2003).

Treffen unterschiedliche Kulturen aufeinander, sei es bei multinationalen Krankenhauskonzernen, bei der Übernahme der Betriebsführung durch Dritte, bei einer Privatisierung oder einer Fusion von Medizinbetrieben, können sich *Kulturkonflikte* ergeben. Zu entscheiden ist dann die Frage, ob, abhängig von der jeweiligen Unternehmenspolitik und dem organisatorischen Integrationsbedarf, eine universelle (unternehmensweite, kohärente) oder eine pluralistische Unternehmenskultur praktiziert werden soll. Ferner ist zu berücksichtigen, dass sich Managemententscheidungen bewusst oder unbewusst auf philosophisch-ethische Annahmen gründen, die verschiedene Leitbilder einschließen (Abb. 3.7). Es ist plausibel, anzunehmen, dass diese Kulturbereiche über die zahlreichen Beziehungen, welche zwischen einem Medizinbetrieb und seiner Umwelt existieren, einen signifikanten Einfluss auf die Entwicklung der Unternehmenskultur haben.

Abbildung 3.7:   *Hierarchie und Zusammenspiel der Kulturen*

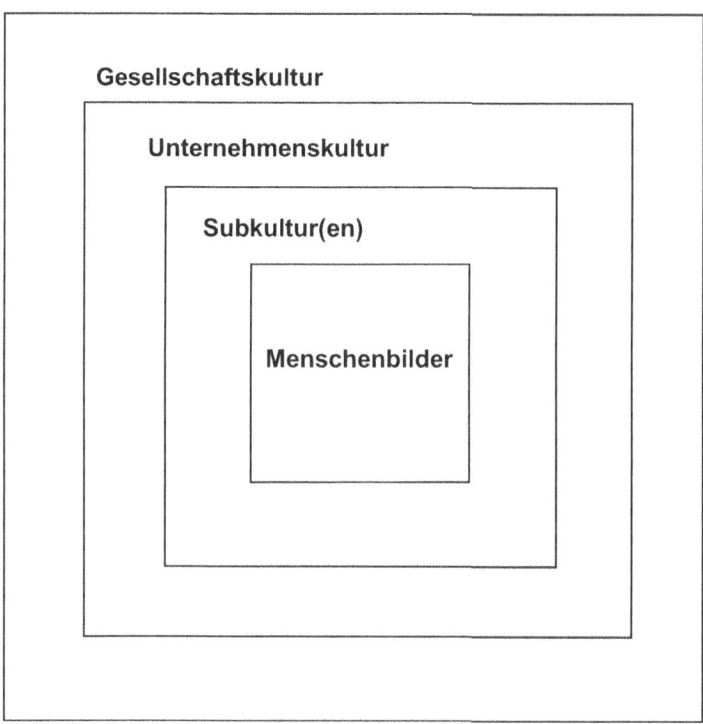

Zur Qualifizierung einer Unternehmenskultur (*Kulturdiagnose*) finden sich in der Organisationspsychologie zwei Ansätze. Zum einen sind es solche, die auf die inhaltliche Ausrichtung abstellen (z. B. Mitunternehmerkultur), zum anderen jene, die an die Stärke einer Kultur anknüpfen, die also klären, ob oder inwieweit das vom Medizinbetrieb (öffentlich) propagierte Wertesystem tatsächlich auch von den Beschäftigten gelebt wird. Die Stärke einer Unternehmenskultur wird dabei vor allem an drei Merkmalen festgemacht:

- Die *Prägnanz* unterscheidet eine Kultur nach ihrer Orientierungswirkung. Starke Kulturen zeichnen sich dadurch aus, dass sie die erwünschten Orientierungsmuster und Werthaltungen klar vermitteln („Was ist erwünscht, was nicht"). Eine hohe Prägnanz verlangt sowohl konsistente, in sich widerspruchsfreie Werthaltungen, Orientierungsmuster und Symbolsysteme als auch eine hohe Prägungsdichte, das heißt umfassend angelegte kulturelle Orientierungsmuster, die in vielen Handlungssituationen den Maßstab setzen können.

- Der *Verbreitungsgrad* stellt auf das Ausmaß ab, in dem sich die Beschäftigten mit der Kultur identifizieren, also ihre Werthaltungen gemeinsam teilen und leben. Einer schwachen Kultur ist eigen, dass sich Entscheiden und Handeln der Beschäftigten eher an unterschiedlichen Normen, impliziten Leitbildern und Subkulturen orientiert. Symptomatisch hierfür sind Wertekonflikte und dysfunktionale Subkulturen.

- Die *Verankerungstiefe* drückt aus, inwieweit über längere Zeit stabile (persistente) kulturelle Normen und Orientierungsmuster zum selbstverständlichen Bestandteil des Alltagshandelns geworden sind. Dabei ist zwischen einem kulturkonformen Verhalten als Ergebnis einer kalkulierten Anpassung und einem kulturkonformen Verhalten zu unterscheiden, das Ausfluss internalisierter kultureller Orientierungsmuster ist, die in einem Sozialisationsprozess vermittelt werden.

Unabhängig von ihren Inhalten vermag eine starke Kultur vielfältige positive Wirkungen hervorzurufen (Neubauer, 2003):

- Subkulturen erhalten durch ein gemeinsam geteiltes und gelebtes Wertesystem eine sekundäre Bedeutung.
- Eine starke Kultur gibt Sicherheit für das Alltagshandeln durch verbindliche Orientierungsmuster. Diese Handlungsorientierung ist vor allem dort von großer Bedeutung, wo eine formale Regelung zu kurz greift oder gar nicht greifen kann.
- Ein gemeinsames Wertesystem fördert Entscheidungen, die sich auf eine breite Akzeptanz stützen und deshalb schnell umgesetzt werden können.

- (Intrinsische) Motivation und Teamgeist werden gefördert, denn die gemeinsamen Werte und Orientierungsmuster verpflichten die Beschäftigten auf die gleichen Handlungsgrundlagen.

- Sozialpsychologische Untersuchungen zeigen, dass ein Medizinbetrieb die Potenziale der Beschäftigten umso besser nutzen kann, je größer das Gefühl der Zusammengehörigkeit (Gruppenkohäsion) ist. Dies wird von einer starken Kultur unterstützt.

Dennoch dürfen aber auch gewisse Risiken starker Kulturen nicht übersehen werden:

- Tief internalisierte Wertesysteme tendieren dazu, Kritik, neue Anforderungen oder neue Chancen, die zur bestehenden Kultur im Widerspruch stehen, zu verdrängen oder sogar zu blockieren (kollektive Vermeidungshaltung).

- Es besteht die Gefahr, an traditionellen Orientierungsmustern festzuhalten, obwohl sich deren Orientierungsgehalt längst überholt hat.

- Eine starke Kultur erweist sich oftmals als inflexibel, wenn das Wertesystem aus strategischen Gründen geändert werden soll oder muss.

Normative Interventionen des dispositiven Faktors, mit dem Ziel das Verhalten und Alltagshandeln der Beschäftigten durch eine kulturelle Prädisposition vorzusteuern, materialisieren sich als *Corporate Behaviour* und *Corporate Identity*.

3.2.2.1 Corporate Behaviour

Die Idee eines *„kulturbewussten Managements"* geht zurück auf Peters und Waterman (1982), die empirisch herausfanden, dass sich das Verhalten der Beschäftigten in als exzellent einzustufenden Unternehmen an vorgegebenen wertebezogenen Verhaltensgrundsätzen, sogenannten *Leitbildern*, orientiert (Abb. 3.8). Davon ausgehend werden einem Leitbild vielfältige Wirkungen zugeschrieben: Ein Leitbild erzeugt ein einheitliches, unternehmensweit akzeptiertes Orientierungsmuster (Koordinationswirkung), fördert die Gruppenkohäsion (Integrationswirkung), unterstützt die Motivation der Beschäftigten durch ein kollektives Selbstbewusstsein (Motivationswirkung) und verstärkt die Corporate Identity eines Medizinbetriebes (Repräsentationswirkung).

Als indikativ für den Wert, der Leitbildern zur kulturellen Prädisposition der Beschäftigten eines Medizinbetriebs zukommt, kann die Art ihres Entstehens gelten (Bleicher, 1994). Die oftmals anzutreffende Vorgehensweise, Wertvorstellungen aus Leitbildern anderer Medizinbetriebe oder gar von Betrieben anderer Branchen abzuschreiben, bedeutet nicht nur einen Verlust der gebotenen Authentizität, sondern in der Folge auch einen Mangel an Kohärenz mit der intendierten Kultur (Seelos, 2004b). Zur Diskussion für die Konstruktion eines Leitbilds stehen daher nur ein Top-down- oder ein Bottom-up-Ansatz (Kippes, 1993; Bleicher, 1994).

Beim Top-down-Ansatz wird das Leitbild ausschließlich vom strategischen Führungskreis erarbeitet und „von oben verkündet", beim Bottom-up-Ansatz werden möglichst viele Beschäftigte in den Prozess der Leitbildentwicklung einbezogen. Der höheren Akzeptanz des Leitbildes beim Top-down-Ansatz steht ein zeit- und kostenaufwendiger Entwicklungsprozess beim Bottom-up-Ansatz gegenüber. In der Praxis hat sich daher eine Kombination aus beiden Ansätzen durchgesetzt, die eine Partizipation und eine über den gesamten Entwicklungsprozess durchgängige Moderation (einer Projektgruppe) miteinander verbindet und acht Schritte umfasst (Abb. 3.9).

Erfahrungsgemäß sind für die Erstellung eines Leitbilds mindestens sechs Monate zu veranschlagen, für ein Review deutlich weniger.

Abbildung 3.8: *Leitbild eines psychiatrischen Fachkrankenhauses*

Leitbild

Patientenorientierung
Kompetente Partnerschaft ist die Grundlage der Behandlung unserer Patienten. Dabei achten wir auf Würde und Anerkennung jeder einzelnen Persönlichkeit.

Mitarbeiterorientierung
Persönliche Wertschätzung der Mitarbeiter/innen untereinander prägt die faire und konstruktive Auseinandersetzung. In unserem Verhalten übernehmen wir Vorbildfunktion nach innen und nach außen.

Qualitätsorientierung
Stetige Verbesserung kennzeichnet unser Qualitätsverständnis. Voraussetzung ist die Veränderungsbereitschaft aller Beteiligten.

Innovationsorientierung
Eigene Kompetenz ist Grundlage für die innovativen Entwicklungen unseres Klinikums. Vorgaben aus Politik und Gesellschaft gestalten wir aktiv mit.

Unternehmensorientierung
Die strategische Ausrichtung unseres Unternehmens orientiert sich an Stabilität und Wachstum. Das Klinikum baut dabei seine modernen Versorgungsstrukturen weiter aus.

Wirtschaftlichkeits- und Kostenorientierung
Wirtschaftlicher Erfolg ist Notwendigkeit und Verpflichtung unseres Unternehmens. Wir wissen um die konkurrierenden Ansprüche der bestmöglichen Patientenversorgung, der Mitarbeiterinteressen und der Wirtschaftlichkeit und streben einen situationsbezogenen Konsens an.

Mitweltorientierung
Das Klinikum sieht sich als starker Partner in der Region. Es pflegt offene und kooperative Beziehungen nach außen.

Umweltorientierung
Das Klinikum betreibt eine aktive Umweltpolitik. Ausdruck dessen sind eine innovative Energieerzeugung und der sorgsame Umgang mit natürlichen Ressourcen.

Lernorientierung
Wir verstehen uns als lernende Organisation. Erwerb und Entfaltung von Wissen und Kompetenzen sind sich ergänzende Aufgaben von Mitarbeitern und Klinikum.

Zielorientierung
Ziel ist die kontinuierliche Verbesserung der Behandlung und Versorgung unserer Patienten. Dazu gehören die Weiterentwicklung bestehender sowie die Erschließung neuer Arbeitsfelder.

zfp

Klinikum Nordschwarzwald

Abbildung 3.9:   *Vorgehensmodell zur mitarbeiterorientierten Leitbildentwicklung*

Vorbereitungsphase	
	(1) Auftrag des Trägers
	(2) Bildung einer Projektgruppe
Erarbeitungsphase	
	(3) Definition der Leitwerte
	(4) Erarbeitung eines Leitbildentwurfs
	(5) Diskussion und Überarbeitung des Entwurfs
	(6) Verabschiedung des Leitbildes
Umsetzungsphase	
	(7) Schulung der Führungskräfte
	(8) Überprüfung des Leitbildes

3.2.2.2 Corporate Identity

Abhängig vom Kontext können verschiedene Manifestationen der *medizinbetrieblichen Identität* unterschieden werden:

- Medizinbetrieblicher Kontext: *Mission, Vision*

- Verhaltensbezogener Kontext: *Leitwerte*

- Kulturbezogener Kontext: *Artefakte, Symbole*

Corporate Identity fokussiert den kulturellen Kontext durch ein nach außen gerichtetes einheitliches Erscheinungsbild. Beispielsweise können Medizinbetriebe Corporate Identity über verschiedene Artefakte und Symbole wie die Architektur, die Einrichtung und Ausstattung (Farbkonzept, Möbel, Bilder, Geschirr, Bettwäsche, Fahnen), die Berufskleidung, das Tragen von Namensschildern, das Formularwesen, die Geschäftsausstattung (Briefpapier, Visitenkarten, Ausweise und Visitenkarten für Patienten) und multimediale Kommunikationsmedien (Internetauftritt, musikalische Logos, Inserate) ausdrücken.

Motiviert durch den zunehmenden Wettbewerb im Gesundheitsmarkt, einem wachsenden Qualitätsbewusstsein der Patienten, der Entwicklung von Kundenbindungsprogrammen mit dem Ziel einer lebenslangen Betreuung und einem sich verstärkenden Patiententourismus wird von vielen Medizinbetrieben in diesem Zusammenhang auch die Entwicklung einer *Marke* forciert. Marken sind Zeichen, die geeignet sind, Waren oder Dienstleistungen eines Medizinbetriebes zu kennzeichnen und von denjenigen anderer Unternehmen, insbesondere aus der Sicht relevanter Zielgruppen, zu unterscheiden (vgl. § 3 MarkenG); zum Beispiel eine Wort- und/oder Bildmarke. Im Kontext des strategischen Marketings ist eine Marke ein normatives Energiesystem („gespeicherte Wettbewerbskraft"), das den Leistungs- und Geldfluss zirkulär organisiert (Institut für Markentechnik, Genf). Dies erfordert eine strategische Markenführung wie sie in Tabelle 3.4 konzeptionalisiert ist.

Tabelle 3.4:　　　*Vorgehensschritte zur strategischen Markenführung (Meyer, 1994, 2008)*

- Beschreibung der beabsichtigten Markenwahrnehmung bzw. Definition der zielgruppenbezogenen Markenattribute

- Identifikation der positionierenden Elemente, welche die Markenwahrnehmung bei den Zielgruppen unterstützen können

- Identifikation prozessbezogener Handlungsfelder (Steuerungspunkte)

- Implementierung des Markenkonzeptes im medizinbetrieblichen Wertschöpfungsprozess

- Marken-Controlling

Bezieht sich eine Marke nicht auf einen einzelnen, sondern auf mehrere unter ein und derselben Trägerschaft stehende Medizinbetriebe, lässt sich diese in der Form einer mehr oder weniger komplexen *Markenarchitektur* ausprägen (Abb. 3.10).

Abbildung 3.10: *Spielarten der Markenarchitektur bei mehreren Medizinbetrieben unter ein und derselben Trägerschaft*

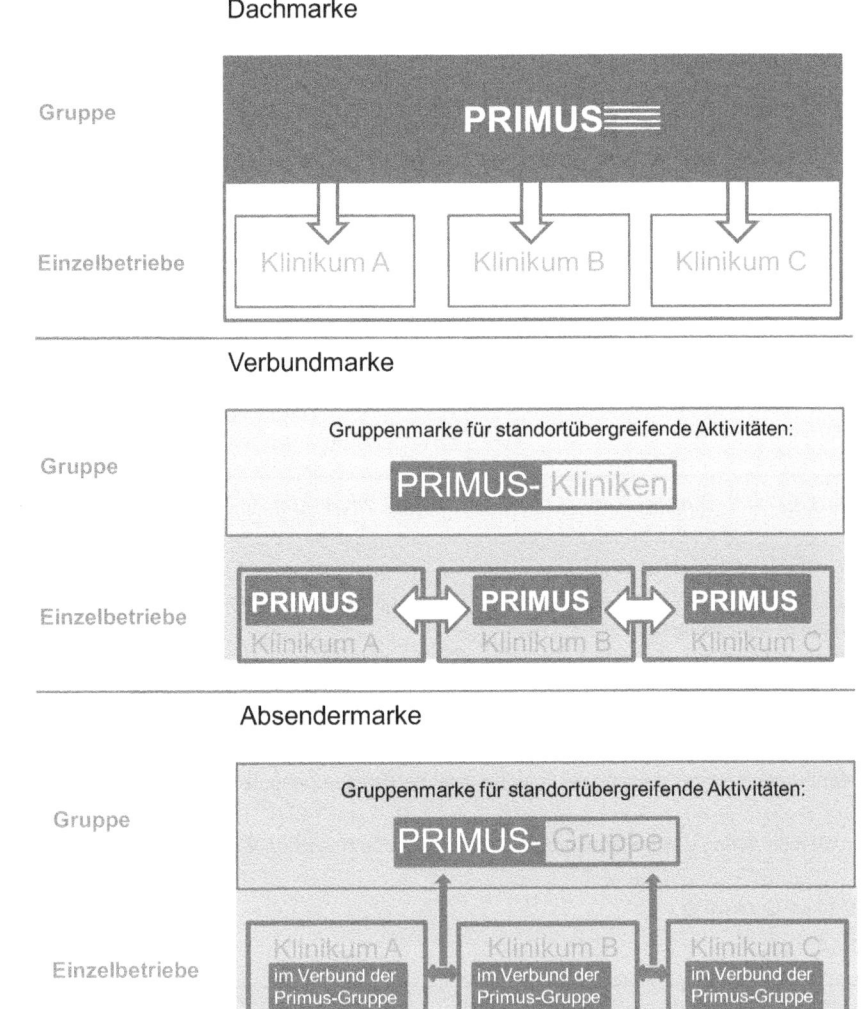

3.2.3   Strategie

Während das normative Medizinmanagement die Unternehmenspolitik und die Kultur eines Medizinbetriebes definiert, setzt sich das strategische Medizinmanagement systematisch mit den Grundlagen für den langfristigen Unternehmenserfolg, also letztlich dauerhaft einen bestimmten Dienst für die Gesellschaft, nämlich Gesundheitsleistungen erbringen zu können, auseinander. „Strategie" als Ordnungsmoment vermittelt dabei zwischen den Bedingungen der Umwelt (Chancen, Gefahren) und den strategischen Potenzialen (Stärken, Schwächen) des Medizinbetriebes (Abb. 3.11). Zutreffend definieren daher Grünig et al. (2006) eine Strategie als ein System von langfristigen Vorgaben (= Ziele und Wege), um den Aufbau und die Erhaltung medizinbetrieblicher Erfolgspotenziale zu gewährleisten.

Abbildung 3.11:   *Strategische Synthese umweltbezogener (Outside-in-Perspektive) und medizinbetrieblicher Realitäten (Inside-out-Perspektive)*

SWOT-Analyse	Inside-out-Perspektive	
	Stärken (**S**trength)	Schwächen (**W**eaknesses)
Chancen (**O**pportunities)	• **SO**-Strategien Setze auf Stärken, um Chancen zu nutzen	• **WO**-Strategien Überwinde Schwächen oder mache sie relevant, um Chancen zu nutzen
Gefahren (**T**hreats)	• **ST**-Strategien Nutze Stärken, um Gefahren zu vermeiden	• **WT**-Strategien Minimiere Schwächen und vermeide Gefahren

(Outside-in-Perspektive)

Präskriptiv (Mintzberg, 1998) folgt der Prozess des strategischen Medizinmanagements vier Phasen (z. B. Bea u. Haas, 1995; Grünig u. Kühn, 2006; Lombriser et al., 2004; Müller-Stevens et al., 2005; Steinmann et al., 2002):

(1) Strategische Analyse und Synthese,

(2) Strategiebildung,

(3) Strategieumsetzung,

(4) Strategiekontrolle[5].

Die einzelnen Phasen sowie deren In- und Output für die jeweiligen Ebenen der *strategischen Planung* (Medizinbetrieb, strategische Geschäfte, Produkte) sind in Abbildung 3.12 zu einem Gesamtmodell zusammengefasst. Zentraler Teil des Modells sind die Elemente Mission, Vision und Leitwerte. Diese bilden das medizinbetriebliche Leistungsversprechen und die grundsätzliche strategische Stoßrichtung ab und legen das angestrebte Verhalten gegenüber den Stakeholdern fest.

(1) Strategische Analyse und Synthese

Strategien müssen in einem anspruchsvollen Aushandlungs- und Entscheidungsprozess unter Berücksichtigung von Anliegen, Bedürfnissen, Interessen und Werthaltungen beteiligter und betroffener Anspruchsgruppen erarbeitet werden (Rüegg-Stürm, 2003). Unabhängig davon, ob es sich um die Planung einer Gesamtstrategie oder von Teilstrategien (Geschäftsstrategie, Produktstrategie) handelt, kann eine strategische Erfolgsposition daher nur aus der Analyse und Synthese umweltbezogener und medizinbetrieblicher Realitäten erwachsen (Abb. 3.11).

---

[5] Es sei hier darauf hingewiesen, dass in der Literatur die Phasen „Strategische Analyse und Synthese" und „Strategiebildung" oftmals zu einer Phase *„strategische Planung"* zusammengefasst werden.

Abbildung 3.12: *Gesamtmodell des strategischen Medizinmanagements. Die zeitlich von links nach rechts abfolgenden Phasen sind zur besseren Unterscheidung vom phasenbezogenen In- und Output grau hinterlegt.*

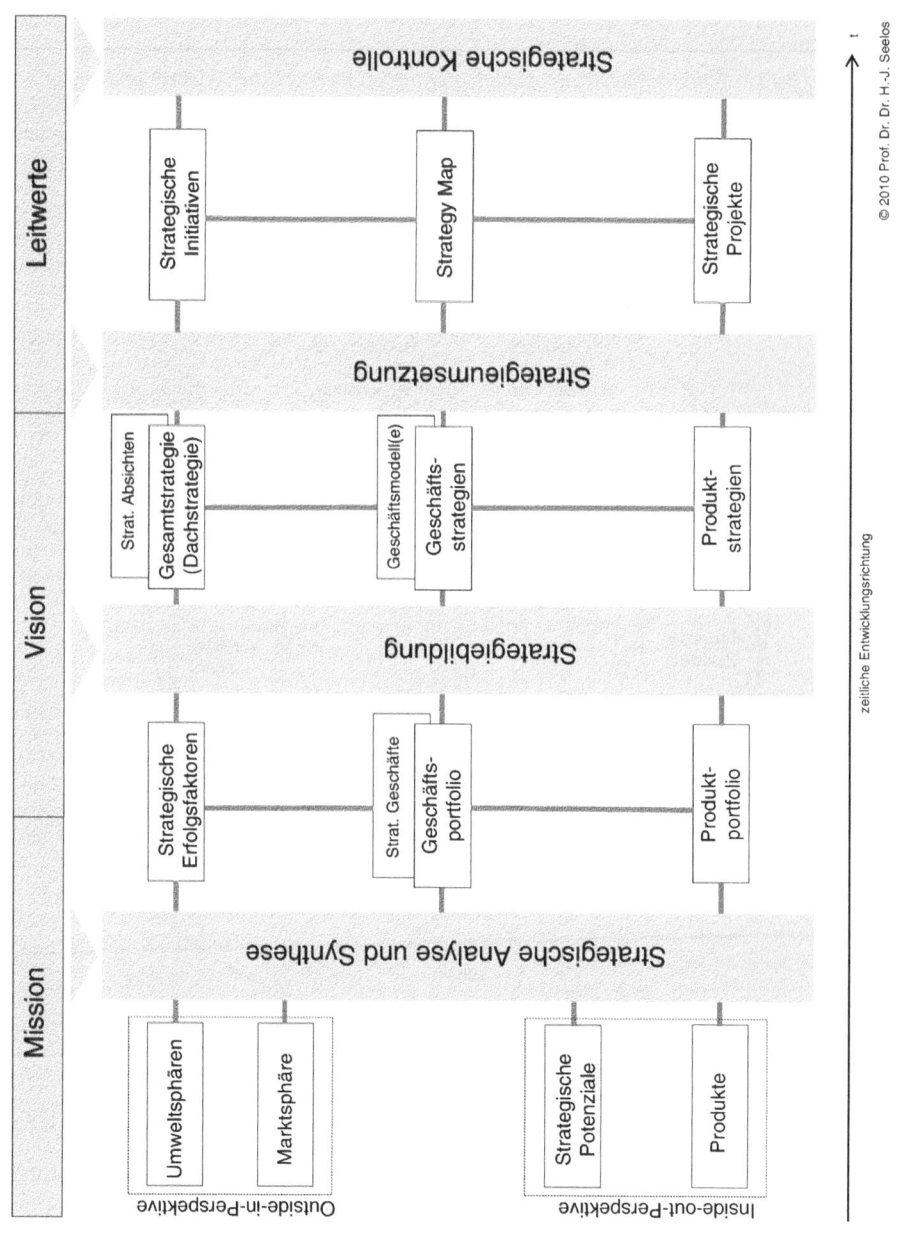

Bei der *Outside-in-Perspektive* geht es um die Identifikation bestehender und potenzieller Chancen und Gefahren im Kontext mit Veränderungen und prognostischen Einschätzungen der medizinbetrieblichen Makro- und Branchenumwelt (Abb. 3.13).

Abbildung 3.13: *Sphärenmodell zur Analyse der medizinbetrieblichen Makro- und Branchenumwelt*

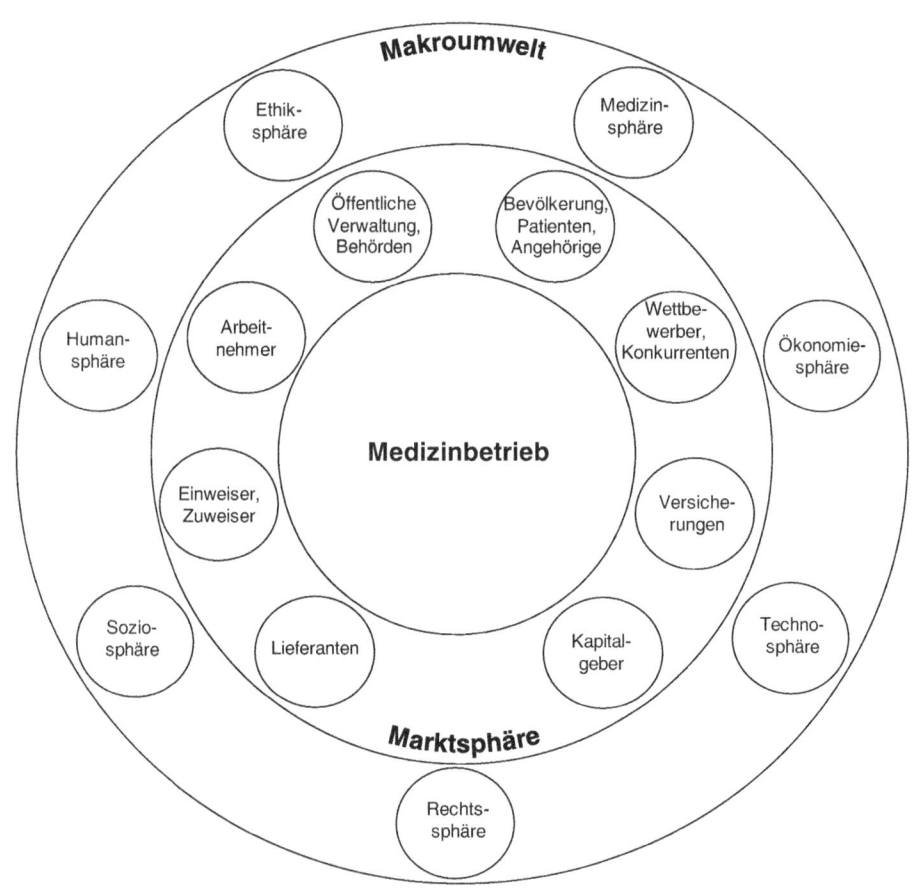

Ob Veränderungen in einzelnen Umweltsphären und/oder in der Branchenumwelt für den Medizinbetrieb oder einzelne Geschäfte als Chance oder als Gefahr einzustufen sind, bestimmt sich nach der jeweiligen Marktposition (Tab. 3.5).

Tabelle 3.5:   *Checkliste zur Markt- und Produktanalyse eines Krankenhauses (Beispiel)*

Nachfragerverhalten
- Aus welchen Raumschaften des Einzugsgebietes kommen wie viele Patienten (Zeitreihenvergleich) mit welchen Krankheiten, soziodemografischen Merkmalen und welchem Versichertenstatus? (Welche sollten denn kommen?)
- Wie viele Patienten kommen mit welchen medizinischen Problemen woher als Notfall?
- Wie hoch ist der Anteil der Selbsteinweisungen?
- Wie viele Patienten mussten warum abgewiesen oder verlegt werden?
- Wie hoch sind die Marktanteile für die Produkt-/Markt-Kombinationen in den einzelnen Regionen des Einzugsgebietes?
- Wie wird sich künftig das Nachfragerverhalten qualitativ (Epidemiologie der Krankheiten) und quantitativ (demografische Bevölkerungsentwicklung im Versorgungsgebiet) verändern?
- Ergebnisse der Patientenbefragung

Zuweiserverhalten
- Wie viele Zuweiser gibt es im Versorgungsgebiet?
- Wie viele Zuweiser weisen dem Medizinbetrieb Patienten zu, wie viele nicht? (Zuweiser- und Nichtzuweiseranalyse)
- Ergebnisse der Zuweiserbefragung, insbesondere Zuweiserzufriedenheit

Konkurrentenanalyse/Wettbewerber
- Wie viele und welche Konkurrenten/Wettbewerber existieren im Einzugsgebiet?
- Was ist deren Mission und Leistungsauftrag?
- Welche Wettbewerbsstrategien verfolgen diese aktuell?
- Wie schätzen sich die Konkurrenten/Wettbewerber und die Branche selbst ein?
- Welche Stärken und Schwächen haben die Konkurrenten/Wettbewerber im Vergleich zum eigenen Medizinbetrieb (z. B. Standort, Geschäftsportfolio, Leistungsschwerpunkte und – kapazitäten, Distributionsstruktur, medizintechnische Schlüsseltechnologien, Marktanteile, Image)
- Was sind die künftigen Ziele der Konkurrenten/Wettbewerber?

Analyse der Geschäftsportfolios (Produktanalyse)
- Wird der Versorgungsauftrag inhaltlich voll umgesetzt?
- Welche Produkt-/Markt-Kombinationen werden in Bezug auf ihre Leistungsform (stationär, teilstationär, ambulant) wie stark nachgefragt?
- Gibt es Leistungsschwerpunkte?
- Lässt sich der Marktanteil der Leistungsschwerpunkte ausbauen?
- Wie sieht die Produktpolitik aus? (Produktinnovation, Produktvariation, Produkteliminierung)
- Welche Leistungsfelder, bei denen zukünftig eine steigende Nachfrage zu erwarten ist, werden nicht angeboten und warum?
- Existieren Produkt-/Markt-Kombinationen, deren Fortbestand im Geschäftsportfolio gefährdet ist?
- Wie gestalten sich die Deckungsbeiträge für die einzelnen Produkt-/Markt-Kombinationen?

- Können Komplexleistungen generiert werden?
- Wie wird das Wahlleistungsangebot angenommen?
- Ergebnis der Beschwerdestatistik
- Ergebnis der Patientenbefragung, insbesondere Patientenzufriedenheit
- Beurteilung der Struktur- und Prozessqualität für definierte Tracer-Diagnosen
- Sind die Geschäfte nach akzeptierten Qualitätsstandards zertifiziert?

Strategisch von besonderem Interesse ist die Analyse der *Marktsphäre*, die in einen *Nachfragermarkt* (Patienten, Zuweiser, Konkurrenten, Wettbewerber) und einen *Faktormarkt* (Beschaffungsmarkt für Ge- und Verbrauchsgüter, Arbeitsmarkt, Kapitalmarkt) unterteilt werden kann. So lässt sich etwa das Nachfragerverhalten in einem für GKV-Versicherte teilregulierten Gesundheitsmarkt nur anhand des normierten Zugangs zu Gesundheitsleistungen (z. B. Hausarztprinzip, integrierte Versorgung, HMO), des Marktpotenzials (Marktgröße, Marktentwicklung, Marktanteil), der Marktstruktur (Bevölkerung, Zuweiser, Wettbewerber, Konkurrenten), dem medizinbetrieblichen Leistungsauftrag (Leistungsform, Allokation des Medizinbetriebes, Versorgungsgebiet) und den angebotenen Produkt-/Markt-Kombinationen (Geschäftsportfolio) abschätzen (Tab. 3.5). Für den Faktormarkt sind beispielsweise die Entwicklung der Faktorpreise, die Zuverlässigkeit von Lieferanten, das Potenzial an Kooperationen, die Verfügbarkeit qualifizierter Arbeitskräfte auf dem Arbeitsmarkt, die Entwicklung des Lohnniveaus und Tarifgefüges und des Zinsniveaus auf dem Kapitalmarkt wichtige Indikatoren.

Die *Inside-out-Perspektive* fokussiert die für einen Medizinbetrieb relevanten strategischen Potenziale oder ausgewählte Teilaspekte wie einzelne Geschäftsprozesse mit dem Ziel der Einschätzung der eigenen Stärken und Schwächen. *Strategische Potenziale* stellen solche Potenzialfaktoren und Prozesse dar, die es ermöglichen, den Medizinbetrieb in einer veränderlichen Umwelt erfolgreich zu positionieren und somit einen nachhaltigen Unternehmenserfolg zu sichern. Wie Abbildung 3.14 veranschaulicht, stehen den „Ordnungsmomenten", „Führungskompetenzen" und „Managementprozessen" als Führungspotenziale, „Ressourcen", gewachsene „(Kern-)Kompetenzen" sowie „Kern- und Unterstützungsprozesse" als Leistungspotenziale gegenüber.

Abbildung 3.14: *Strategische Potenziale eines Medizinbetriebes*

Potenziale	Potenzialfaktoren	Prozesse
Führungs-potenziale	Ordnungsmomente Führungskompetenzen	Management-prozesse
Leistungs-potenziale	Ressourcen (Kern-)Kompetenzen	Kern- und Unterstützungs-prozesse

Ressourcen sind die für den Prozess der Gesundheitsleistungsproduktion benötigten immateriellen und materiellen Potenzialfaktoren wie der medizinbetriebliche Leistungsauftrag, Personal, Finanzen und Gebrauchsgüter (bauliche Anlagen, Gebäudetechnik, sicherheitstechnische Anlagen, Informatik, Medizintechnik). *Kompetenzen* setzen sich zusammen aus einem eher kognitiven Aspekt, nämlich aus Wissen und aus praktischen Fähigkeiten, genauer gesagt aus intelligenten Abläufen und organisatorischen Routinen, in deren Struktur (Prozessmuster) sich das organisationale Wissen spiegelt und die dazu beitragen, dass die verfügbaren Ressourcen optimal genutzt werden können (Nelson u. Winter, 1982). *Kernkompetenzen* beruhen auf einzigartigen, also nicht oder nur schwer imitier- und substituierbaren Fähigkeiten, die es einem Medizinbetrieb aus der Sicht der Nachfrager erlauben, im Vergleich zu allen Wettbewerbern überlegene (Gesundheits-)Leistungen anzubieten und damit nachhaltige

Wettbewerbsvorteile zu schaffen (Prahalad u. Hamel, 1991). In welchem Umfang einzelne strategische Potenziale Stärken oder Schwächen darstellen, muss im Verhältnis zum Wettbewerb entschieden werden; ein Medizinbetrieb weist also dann eine Stärke auf, wenn er, bezogen auf ein gewisses strategisches Potenzial, zum Beispiel die medizintechnische Ausstattung, einen Wettbewerbsvorsprung besitzt.

Die sich an die Umwelt- und Unternehmensanalyse anschließende *strategische Synthese* unterstützt eine rationale, weil analytisch begründete, Konzeptualisierung der für eine Gesamtstrategie notwendigen strategischen Erfolgsfaktoren und eine angemessene Abgrenzung des Geschäfts- und Produktportfolios in Bezug auf die für den Medizinbetrieb relevante Wettbewerbsarena.

(2) Strategiebildung

Während die Vision das Ziel (das „Was?" und „Warum?") vorgibt, geht es bei der Strategiebildung um den Weg (das „Wie?"), also die *strategische Stoßrichtung.* Diese erfolgt zweidimensional[6]:

- die Ebene des Medizinbetriebes: *Gesamt- oder Dachstrategie,*

- die Ebene der einzelnen strategischen Geschäfte und Produkte: *Geschäfts- und Produktstrategie.*

Auf medizinbetrieblicher Ebene geht es um die endgültige Festlegung der strategischen Geschäfte (und Teilbereiche derselben), in denen der Medizinbetrieb tätig ist beziehungsweise zukünftig tätig sein will (*Geschäftsportfolio*), um das Eingehen von

---

[6]   Die in der Managementliteratur mitunter angeführte strategische Planung von Geschäftsprozessen betrifft Sachverhalte, die nur einzelne Teilfunktionen fokussieren – beispielsweise die Frage, mit welchen Marketingkonzepten eine geburtshilfliche Abteilung Patienten gewinnen kann (strategisches Marketing), oder die Frage, welche Medikalprodukte ein Krankenhauskonzern unter qualitativen und wirtschaftlichen Kriterien einsetzen soll (strategischer Einkauf).

Unternehmensverbindungen und die Gestaltung (Weiterentwicklung, Optimierung) der strategischen Potenziale insgesamt; auf der Ebene der strategischen Geschäfte um die Festlegung von Marktpositionszielen und Geschäftsmodellen, mit denen sich für einzelne Geschäfte beziehungsweise Produkte nachhaltige Wettbewerbsvorteile erzielen lassen. Die Teilstrategien müssen untereinander abgestimmt und zur Gesamtstrategie kompatibel sein. Konzeptionell geht es bei der Strategiebildung nicht um eine eindimensionale Positionierung des Medizinbetriebes auf einem Nachfragermarkt, sondern um eine nachhaltige Gesamtpositionierung gegenüber allen Anspruchsgruppen. Abhängig von der festgestellten Wettbewerbsintensität und damit verbunden der Marktattraktivität, kommen dafür als strategische Stoßrichtungen verschiedene, auch miteinander kombinierbare Optionen in Betracht, die in Bezug auf Machbarkeit, mögliche Risiken und Konformität zur medizinbetrieblichen Mission und den Leitwerten auszuwählen sind (Tab. 3.6).

Tabelle 3.6:   *Optionen strategischer (auch miteinander kombinierbarer) Stoßrichtungen*

- strategische Grundausrichtung
  Wachstumsstrategie, Stabilisierungsstrategie, Desinvestitionsstrategie

- Produkt-Markt-Kombination
  Marktentwicklungsstrategie, Marktdurchdringungsstrategie, Diversifikationsstrategie, Differenzierungsstrategie, Nischenstrategie, Innovationsstrategie

- geplante Wettbewerbsvorteile
  Qualitätsführerschaft (Exzellenzstrategie), Kostenführerschaft, Markenidentität (Markenstrategie), Kundenvertrauen ausbauen (Vertrauensstrategie)

- regionaler Geltungsbereich
  lokale Strategie, nationale Strategie, internationale Strategie

- Grad der Eigenständigkeit
  Autonomiestrategie, Kooperationsstrategie, Integrationsstrategie

---

(3) Strategieumsetzung

Die Ableitung geeigneter *strategischer Initiativen* stützt sich einerseits auf anerkannte strategische Gesetzmäßigkeiten, andererseits auf Instrumente wie zum Beispiel die Portfolio-Analyse. Hilfreich ist hierbei eine *Strategy Map*, die das erarbeitete strategische Orientierungswissen zusammenfasst und damit Grundlage für die Ableitung entsprechender Strategieprojekte ist (Absatz 3.2.5.1).

Als Managementinstrument für die Strategieumsetzung hat sich in den letzten Jahren, auch bei Medizinbetrieben, vor allem die von Kaplan und Norton (1996) konzipierte *Balanced Scorecard* durchgesetzt, während sich bei Strategieprojekten, die umfassende interne Veränderungen erfordern, nach wie vor ein gesteuerter Prozess des *Change Managements* zusätzlich als günstig erweist (Balogun et al., 2008). Für jedes Strategieprojekt sind die Ziele, die notwendigen Ressourcen, die zu beachtenden Abhängigkeiten zwischen den einzelnen strategischen Initiativen, die beteiligten Akteure und die spezifischen Erwartungen an die Akteure, ein Vorgehens- und Zeitplan sowie die Eckpfeiler einer tragfähigen Projektorganisation für die Umsetzung verbindlich festzulegen und zu kontrollieren (Rüegg-Stürm, 2003).

(4) Strategiekontrolle

Eine Kontrolle des Zielerreichungsgrades sowohl im strategischen als auch im operativen Kontext ist erforderlich, um frühzeitig Zielabweichungen zu erkennen und geeignete Steuerungsmaßnahmen vornehmen zu können (Ulrich u. Fluri, 1995). Infolge der Umweltdynamik ist ein kontinuierlicher Überwachungs- und Lenkungsprozess auf drei Ebenen sinnvoll (Lombriser et al., 2004):

- *Prämissenkontrolle*: Gelten die der Strategie zugrunde liegenden Annahmen (vor allem über die Umweltsphären) noch? Wurden bei der Strategiebildung eventuell wichtige Aspekte der Umwelt übersehen?

- *Durchführungskontrolle*: In welchem Umfang wurde die geplante Strategie tatsächlich umgesetzt? Wo sind unerwartet Probleme oder Widerstände aufgetreten?

- *Wirksamkeitskontrolle*: Wurden mit der umgesetzten Strategie die Ziele erreicht? Wurde die beste Strategievariante gewählt?

3.2.3.1 Vision

Gegenüber der Unternehmensphilosophie hält die Vision einen zukünftig erwünschten Zustand des Medizinbetriebes (z. B. bezogen auf die Wettbewerbsposition und/oder die positionierenden Elemente der definierten Marke) fest und formuliert einen Anspruch, auf den die im Medizinbetrieb vorhandenen Kräfte ausgerichtet werden sollen (Müller-Stewens et al., 2005). Visionen beruhen auf den Ergebnissen der strategischen Analyse und implizitem Wissen. Sie werden entweder als mehr oder weniger verbindliche strategische Absichten dokumentiert und kommuniziert oder, obwohl nicht explizit festgelegt, implizit vom Vertreter des Leitungsorgans verfolgt.

3.2.3.2 Gesamtstrategie

Die Gesamt- oder *Dachstrategie* eines Medizinbetriebes bestimmt auf der Grundlage der Ergebnisse der strategischen Analyse und Synthese die betriebsstätten- (bei einem Konzern), geschäfts- und produktübergreifende, also grundsätzliche, langfristige strategische Ausrichtung eines Medizinbetriebes. Dazu werden strategische Erfolgsfaktoren definiert, die für eine nachhaltig erfolgreiche Positionierung des Medizinbetriebes im Gesundheitsmarkt wichtig sind wie zum Beispiel medizinische Exzellenz, Systemrelevanz, Patienten- und Mitarbeiterorientierung, Wirtschaftlichkeit. Jedem Erfolgsfaktor wird eine strategische Absicht zugeordnet, welche die strategischen Stoßrichtungen im Detail formuliert. Die Gesamtheit der strategischen Absichten bildet die Gesamtstrategie, die in der Umsetzung zu strategischen Initiativen beziehungsweise Projekten führt.

3.2.3.3 Teilstrategien

Teilstrategien korrespondieren zur Gesamtstrategie und beziehen sich auf ein einzelnes strategisches Geschäft oder Teilaspekte desselben (Produkt).

Mit der Festlegung eines mehr oder weniger umfassend definierten Unternehmenszwecks in der Unternehmensverfassung beziehungsweise dem Leistungsauftrag (Mission) wird der Umfang möglicher Betätigungsfelder für den Medizinbetrieb eingegrenzt und zugleich auf die Erfüllung von ausgewählten Bedürfnissen bestimmter Anspruchsgruppen ausgerichtet. Wenn die medizinbetrieblichen (Gesundheits-) Leistungen und die Wertschöpfungsaktivitäten, die zu diesen Leistungen führen, oder die Abnehmerbedürfnisse insgesamt sehr unterschiedlich sind, kann es sinnvoll sein, die Geschäftsaktivitäten nach sogenannten „strategischen Geschäften" zu segmentieren, um wirksamere Wettbewerbs- und Marketingstrategien zu entwickeln. *Strategische Geschäfte* (oder *Geschäftsfelder*), sind dadurch charakterisiert, dass sie einen bestimmten Teilmarkt als Wettbewerbsarena, eine spezifische Marktleistung und spezifische Ressourcen umfassen (Grünig u. Kühn, 2006). Segmentiert werden kann nach bestimmten Kriterien oder Merkmalen und entsprechenden Ausprägungen (Tab. 3.7). Insoweit sinnvoll, können die einzelnen strategischen Geschäfte weiter untergliedert werden (Geschäftsbereiche, Produkte). Die Gesamtheit aller strategischen Geschäfte beschreibt das medizinbetriebliche *Geschäfts-* beziehungsweise *Produktportfolio*.

Strategische Geschäfte sind sowohl Objekte strategischer Entwicklungs- als auch operativer Strukturierungsprozesse. Zum einen wird für jedes strategische Geschäft eine Geschäftsstrategie respektive ein Geschäftsmodell entwickelt. Zum anderen können

dem Nachfragermarkt, der segmentiert als eine Kombination von strategischen Geschäften betrachtet werden kann, aufbauorganisatorisch korrespondierende Konstruk-
te, sogenannte *strategische Geschäftseinheiten* oder *Divisionen* gegenübergestellt werden
(divisionale Organisationsstruktur).

Tabelle 3.7:   *Merkmale einer strategischen Segmentierung*

Patientenmerkmale
- Geografische Herkunft: Staat, Bundesland, Landkreis, Gemeinde
- Demografie: Nationalität, Alter, Geschlecht, Familienstand
- Versichertenstatus: gesetzlich Versicherter, Privatversicherter, Selbstzahler
- Krankheitsart: medizinisches Fach- oder Teilgebiet, Krankheitsgruppe, Krankheit

Leistungsstruktur und -konfiguration
- Leistungsform: Telecare, Home Care, ambulant, teilstationär, stationär
- Leistungsstufe: Prävention, Behandlung, Pflege, Rehabilitation
- Behandlungsverfahren: operativ, konservativ, strahlentherapeutisch

---

Definiert wird eine Geschäftsstrategie durch ein *Geschäftsmodell*. Es beschreibt die Art
und Weise, wie ein Medizinbetrieb mit diesem Geschäft (die entsprechenden Produkt-
/Markt-Kombinationen) im Gesundheitsmarkt Werte schafft oder künftig schaffen
will. In Anlehnung an Rüegg-Stürm (2003), Bieger et al. (2002), Scheer et al. (2003) und
Stähler (2002) sollte ein medizinbetriebliches Geschäftsmodell (mindestens) zu sechs
Themenkomplexen Auskunft geben (Abb. 3.15). Erstens gilt es, Klarheit über die rele-
vanten *Anspruchsgruppen* und über die Anliegen und Bedürfnisse zu gewinnen, die ein
Medizinbetrieb zu befriedigen anstrebt. Dazu gehört zum einen eine Identifikation der
Zielgruppen und Zielmärkte auf dem Nachfrager- und Faktormarkt (Beschaffungs-,
Arbeits-, Kapitalmarkt), zum anderen sind Kommunikationsformen zu entwickeln,
mit denen ein optimaler Kontakt zu diesen Zielgruppen geschaffen und aufrechterhal-
ten werden kann (Kommunikationskonzept). Zweitens müssen das *Leistungsangebot*

(Produktportfolio) sowie der Nutzen definiert werden, der damit bei den Zielgruppen gestiftet werden soll: Welche Gesundheitsleistungen sollen (oder müssen nach dem medizinbetrieblichen Leistungsauftrag) wann, wo, in welcher Leistungsform, in welcher Qualität, in welchem Umfang und zu welchen Kosten vorgehalten beziehungsweise erbracht werden (*Produktstrategie*)?

Abbildung 3.15: *Beschreibungsdimensionen eines medizinbetrieblichen Geschäftsmodells für ein strategisches Geschäft*

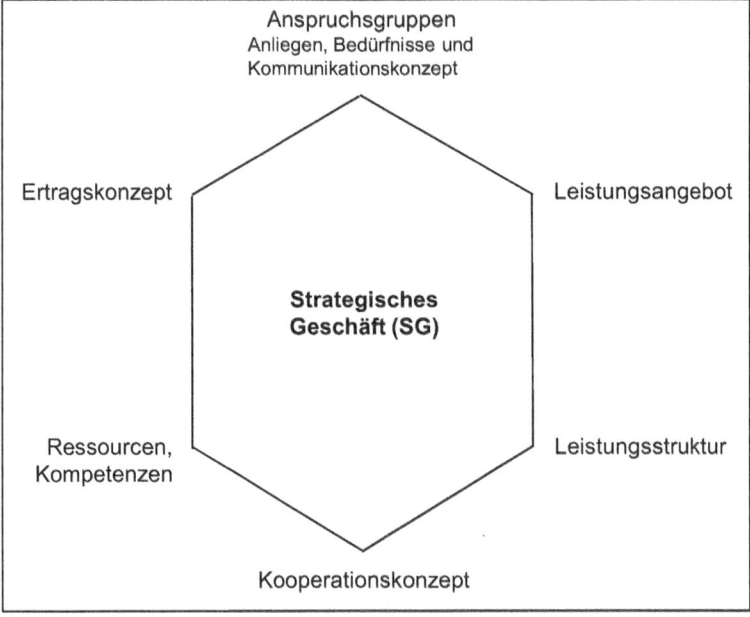

Drittens muss die Architektur der Wertschöpfung (*Leistungsstruktur*) geklärt werden, insbesondere, welchen Ausschnitt der gesamten Wertschöpfungskette der Medizinbetrieb selbst abdecken möchte und welche Teilleistungen (z. B. durch Kooperationen) anderen überlassen werden sollen (Fertigungstiefe). Daraus ergeben sich viertens Implikationen für die Definition von Kooperationen, das heißt für die Wahl von Kooperationspartnern und für die Gestaltung der Zusammenarbeit mit diesen Partnern

(*Kooperationskonzept*). Fünftens stellt sich die Frage, welche spezifischen *Ressourcen* und *Kernkompetenzen* bereits vorhanden sind oder erst noch aufgebaut werden müssen, damit sich der Medizinbetrieb durch eine nachhaltige, also auch längerfristig überlegene, idealerweise einzigartige Nutzenstiftung bei den Anspruchsgruppen profilieren kann. Und sechstens ist zu klären, aus welchen Quellen der Medizinbetrieb für seine Leistungen welche Erträge erwirtschaften kann (*Ertragskonzept*).

3.2.4 Strukturen

Medizinbetriebliche Strukturen entstehen im Zeitablauf aus dem Zusammenwirken von passenden und weniger passenden „Interventionen", Ereignissen und Beiträgen von Menschen, um Komplexität zu bewältigen (Willke, 1996). Strukturen werden vom dispositiven Faktor entweder bewusst neu gestaltet (*Neuorganisation*) oder reorganisiert (*Restrukturierung*), können sich aber auch im Rahmen der Selbstorganisation zwischen den Beschäftigten zur Bewältigung und Routinisierung des Alltagshandelns spontan (*informale Organisation*) oder allmählich in der Historie eines Medizinbetriebes herausbilden (*emergente Organisation*). In biologischen Systemen ergeben sich organisationsähnliche Fixierungen etwa aus dem physischen Aufbau und biochemischen Reaktionstendenzen (Wollnik, 1990). In technischen Systemen bestehen funktionale Äquivalente zur Organisation in Form konstruktiv realisierter Anordnungen und Verbindungen (Hardware) oder vorgegebener Programme (Software).

Anders als die Organisationspsychologie und die Soziologie, die Medizinbetriebe institutionell als Organisationen begreifen, versteht die Betriebswirtschaftslehre (Medizin-)Organisation als Ordnungsmoment, also instrumentell (Tab. 3.8). Konstitutiv hierfür ist ein *Strukturdeterminismus* (Maturana u. Varela, 2009), dem sowohl für die in Medizinbetrieben übliche organisatorische Differenzierung und die damit verbundene dispositive Koordination (*Organisationsstruktur*) als auch für die medizinbetrieblichen

Prozesse und ihre verfahrensmäßigen Vollzugsmerkmale (*Prozessstruktur*) ein System von *Regeln* zugrunde liegt (vgl. Bea et al., 1991; Bleicher, 1991; Gaitanides, 1992; Grochla, 1982; Hill et al., 1994; Kosiol, 1976; Staehle, 1999; Ulrich et al., 1995). Diesbezügliche Aktionsparameter sind die Regelung der Arbeitsteilung und Aufgabenspezialisierung, die Regelung der hierarchischen Stufung der Entscheidungs- und Weisungsbefugnisse und die Regelung der Abfolge und des verfahrensmäßigen Vollzugs der medizinbetrieblichen Prozesse (Abb. 3.16).

Tabelle 3.8:   *Kategorien der Medizinorganisation*

(Medizin-)Organisation		
funktionell	**institutionell**	**instrumentell**
Zielorientierte Strukturierung des Medizinbetriebs	„Ein Medizinbetrieb <u>ist</u> eine Organisation"; der Medizinbetrieb als zielgerichtetes, offenes soziales System mit einer formalen Struktur	„Ein Medizinbetrieb <u>hat</u> eine Organisation"; ein System formaler, dauerhafter Regeln zur medizinbetrieblichen Organisations- und Prozessstruktur

Die Ziele der organisatorischen Strukturierung richten sich auf inhaltliche, sachliche und personelle Gegebenheiten, sie berücksichtigen formale Aspekte, soziale und personale Ansprüche, und haben aus dem betriebswirtschaftlichen Denken heraus wertorientierte Richtlinien zu beachten (Zapp, 2008).

3.2.4.1 Aufgabenstruktur

Ein Ordnungsmuster zwischen den medizinbetrieblichen Aufgaben und den operativen medizinbetrieblichen organisatorischen Einheiten wird durch die Aufgabenstruktur hergestellt.

Abbildung 3.16: *Aktionsparameter zur Gestaltung der Medizinorganisation*

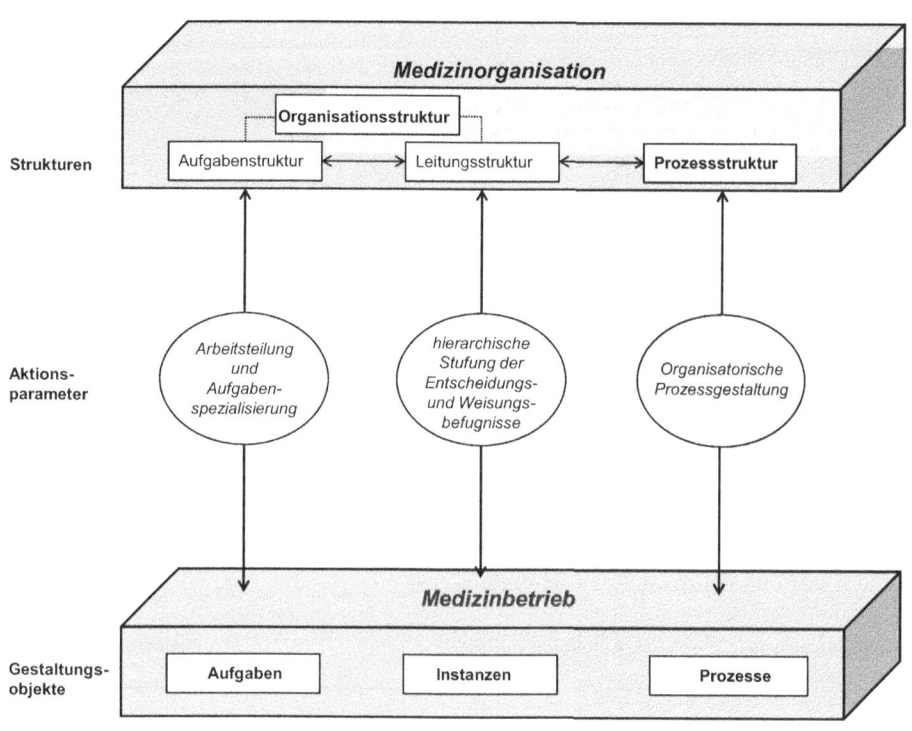

Dazu werden nach der Kosiolschen Gestaltungslehre (Kosiol, 1976) zunächst die zur Erfüllung der medizinbetrieblichen Zwecksetzung relevanten Aufgaben bestimmt, diese nach leitenden Prinzipien der Arbeitsteilung in verteilungsfähige Teilaufgaben zerlegt und anschließend die durch die Aufgabengliederung gewonnenen Teilaufgaben wiederum zu verteilungsfähigen Aufgabenkomplexen zusammengefasst (Abb. 3.17). Die einfachste Form der *Arbeitsteilung* liegt dann vor, wenn die Aufgaben so zugeordnet werden, dass jeder Aufgabenträger eine Teilmenge der Gesamtaufgabe erfüllt, die Teilaufgaben sich aber inhaltlich nicht unterscheiden (*Mengenteilung*).

Abbildung 3.17: *Grundmodell zur Gestaltung der medizinbetrieblichen Aufgabenstruktur in Anlehnung an Bleicher (1991), Seite 49*

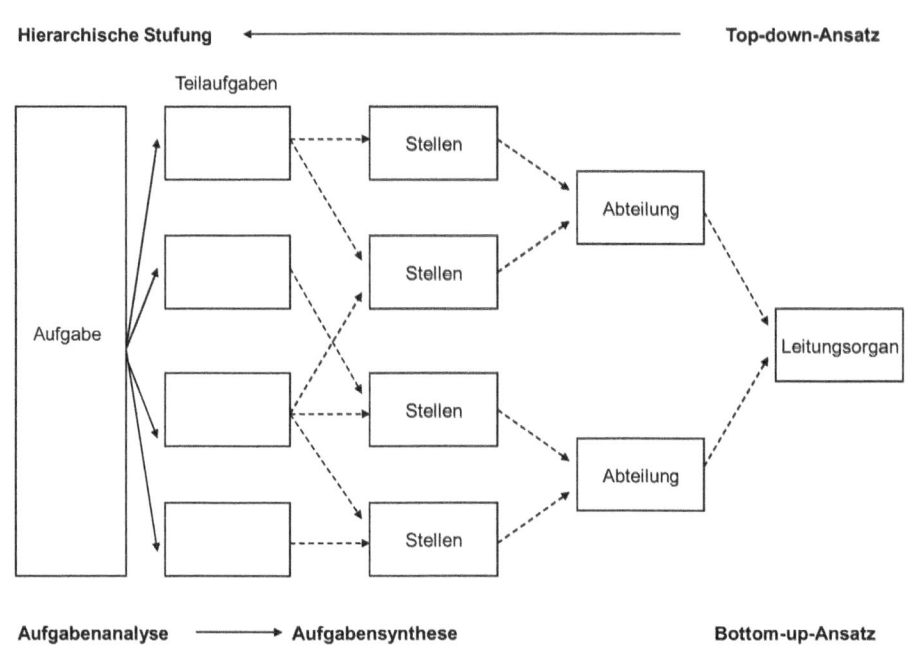

Erst wenn die verschiedenen Aufgabenträger unterschiedliche Teilaufgaben erfüllen, ist eine Aufgabenspezialisierung (*Artenteilung*) gegeben. Dann können auf den einzelnen Leitungsebenen systematisch Aufgabengliederungen vorgenommen oder auch miteinander kombiniert werden; im Einzelnen:

(a) Gliederung nach betrieblichen Aufgabenbereichen oder Funktionen; zum Beispiel Medizin, Pflege, Verwaltung, Hotellerie;

(b) Gliederung nach strategischen Geschäften; zum Beispiel Krankenhaus- und Heimversorgung, Forschung und Lehre;

(c) Gliederung nach Phasen der Aufgabenerfüllung; zum Beispiel funktionelle Pflege.

Je nachdem, welches Gliederungsprinzip auf der obersten gegliederten Leitungsebene (unmittelbar unterhalb dem Leitungsorgan) zur Anwendung kommt, spricht man von einer *funktionalen* (a), einer *divisionalen* (b) oder einer *prozessorientierten Struktur* (c). Da sich die Aufgabenstruktur in erster Linie an sachlichen und nicht an persönlichen Bedingungen orientieren soll, kommen als *Aufgabenträger* jeweils nur abstrakte Organisationseinheiten (und nicht konkrete Personen) infrage. *Stellen* bilden einen Aufgabenkomplex ab, der von einer fiktiven Person wahrgenommen werden kann (kleinste leistungsbereite Organisationseinheit). Stellen gleicher oder sachähnlicher Aufgaben können wiederum zu Organisationseinheiten höherer Ordnung (Gruppe, Sachgebiet, Abteilung, Bereich) vereinigt werden.

3.2.4.2 Leitungsstruktur

Ergebnis der organisatorischen Differenzierung (Arbeitsteilung und Aufgabenspezialisierung) sind mehr oder weniger stark interdependente organisatorische Teilbereiche, die im Sinne des arbeitsteiligen Zusammenwirkens der verschiedenen personellen Aufgabenträger einer dispositiven (führungsmäßigen) *Koordination* bedürfen.

Leitungsstrukturen dienen nun genau dazu, dafür zu sorgen, dass die in einem arbeitsteiligen Prozess erbrachten Teilleistungen koordiniert und auf effektive Weise wieder zu einem Ganzen integriert werden.

Zur Modellierung der Leitungsstruktur und damit implizit auch der Verteilung organisatorischer Positionsmacht stehen zwei Aktionsparameter zur Verfügung:

- die Verteilung der Entscheidungsbefugnisse zwischen dem Leitungsorgan und den ihm nachgeordneten Leitungsebenen und
- die Festlegung der Weisungsbefugnisse beziehungsweise des Weisungssystems.

Bei der Verteilung von *Entscheidungsbefugnissen* in Bezug auf die verschiedenen Leitungsebenen muss eine der Strategie angemessene Kombination von zentralen und dezentralen Entscheidungen gefunden werden. Dabei dürfte bei Medizinbetrieben grundsätzlich davon auszugehen sein, dass strategische (auf den Medizinbetrieb bezogene) Entscheidungen dem Leitungsorgan und dem Top-Management, taktische und operative Entscheidungen nachgeordneten Leitungsebenen zugewiesen werden. Zwar haben moderne Führungskonzepte (Führen mit Zielvereinbarung) und Organisationsstrukturen (z. B. Arbeitsgruppen, Profit-Center-Konzept, fraktale Organisationen) eine Dezentralisierung betrieblicher Entscheidungen gefördert, gleichwohl lässt sich aber eine generelle Aussage über die Zielwirksamkeit einer bestimmten Verteilung der Entscheidungsbefugnisse in einem konkreten Medizinbetrieb nicht treffen. Letztlich muss anhand der Betriebsform (z. B. Einzelunternehmen oder Konzern), der Managementphilosophie und der konkreten Merkmale einer Entscheidungsaufgabe geprüft werden, ob diese nach dem Prinzip des Management by Exception (Führen nach dem Ausnahmeprinzip) oder besser zentral oder dezentral erfüllt werden soll.

Mit der Festlegung von *Weisungsbefugnissen* soll sowohl die Aufgabenerfüllung in den gebildeten aufbauorganisatorischen Einheiten sichergestellt als auch eine effektive Koordination zwischen den einzelnen Einheiten erreicht werden. Dabei können Einlinien- und Mehrliniensysteme entstehen (Abb. 3.18). Das *Einliniensystem* ist dadurch gekennzeichnet, dass einzelne Stellen jeweils nur von einer vorgelagerten *Instanz* (Stelle mit Weisungsbefugnis) Weisungen erhalten. Es gilt das Prinzip der Einheit der Auftragserteilung (Einheitlichkeit der Leitung). Werden einzelne Aufgaben aus dem Kompetenzbereich der Instanzen abgespalten und Stabsstellen (oder Stabsabteilungen) ohne Weisungsbefugnis übertragen, entsteht ein sogenanntes *Stabliniensystem*. Es behält die Einheitlichkeit der Leitung bei und erweitert über die fachliche Beratung der Instanzen deren Kapazität im quantitativen (Arbeitsentlastung durch Stabsgeneralisten, wie etwa Direktionsassistenten) und qualitativen Sinn (Informationsbeschaffung,

Entscheidungsvorbereitung und Beratung durch Beauftragte[7]). In größeren Medizinbetrieben sind unternehmensweite Unterstützungsprozesse wie beispielsweise Unternehmensentwicklung, Marketing/Öffentlichkeitsarbeit, Controlling, Risikomanagement und Qualitätsmanagement Stabsstellen oder Stabsabteilungen zugewiesen.

Abbildung 3.18:   *Modellierung von Weisungsbefugnissen in Medizinbetrieben*

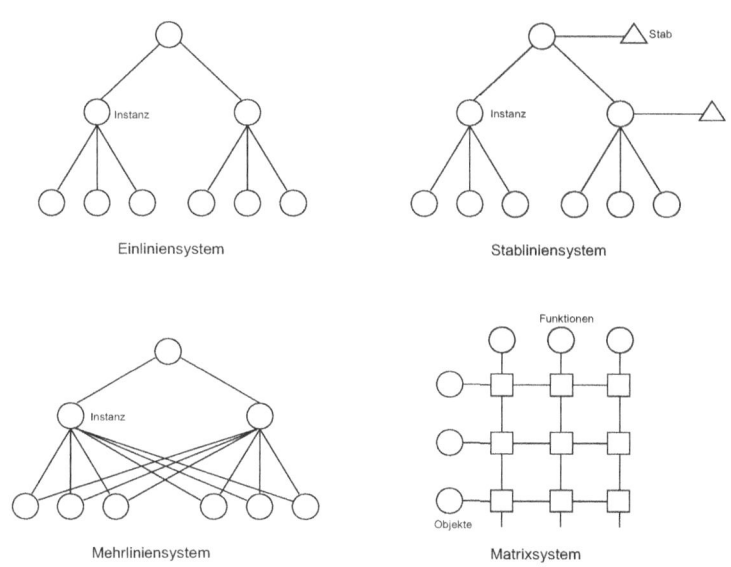

Beim *Mehrliniensystem* erfolgt eine aufgabenspezifische Regelung der Weisungsbefugnis mit der Konsequenz, dass verschiedene Stellen mit der jeweils zuständigen Instanz
verknüpft sind. Diese Form der Aufteilung von Weisungsbefugnissen führt dazu, dass
Mitarbeiter mehreren Vorgesetzten unterstellt sind. Beispielsweise können Gesund-

---

[7]   Zum Beispiel die in Medizinbetrieben aufgrund gesetzlicher Vorgaben und Verordnungen zu
bestellenden Beauftragten wie Qualitätsmanagement-Beauftragter, Hygiene-Beauftragter, Ab-
fall-Beauftragter, Brandschutzbeauftragter, Datenschutzbeauftragter, Immissionsschutzbeauf-
tragter, Katastrophenschutzbeauftragter, Medizinproduktegesetz-Beauftragter, Schwerbehin-
dertenbeauftragter, Strahlenschutzbeauftragter, Transfusionsbeauftragter, Umweltschutzbe-
auftragter.

heits- und Krankenpfleger sowohl von Ärzten als auch Vorgesetzten des Pflegediens-
tes Weisungen erhalten. Um Überschneidungen und Konflikte bei Mehrfachunterstel-
lungen nachgeordneter Stellen zu vermeiden, sind in einem *Geschäftsverteilungsplan*
fachliche und disziplinarische Zuständigkeiten und Verantwortlichkeiten klar zuzuordnen und abzugrenzen (z. B. zwischen dem ärztlichen Dienst und dem Pflegedienst
im Zusammenhang mit der bedingten Delegation ärztlicher Aufgaben). Mit dem *Mat-
rixsystem* wird das „klassische" Einliniensystem in zwei- oder mehrdimensionale Formen überführt; so zum Beispiel durch Verknüpfung einer funktionalen mit einer ob-
jektorientierten Struktur. Es stellt damit einen Spezialfall des Mehrliniensystems dar.
Wesentliches Merkmal des Matrixsystems sind die vertikalen/horizontalen „Kompe-
tenzschnittstellen", an denen produktive Spannungen im Sinne qualitativ hochwerti-
ger Problemlösungen, aber auch erhebliche Reibungsverluste (Entscheidungsverzöge-
rungen, Machtkämpfe, Abschiebung von Verantwortung) auftreten können. Damit
diese die positiven Effekte nicht überkompensieren, bedarf es unter anderem entsprechender Kompetenzabgrenzungen und/oder Kollegialinstanzen (Betriebsleitung).

3.2.4.3 Organisationsstruktur

Je nach Wahl der Gestaltungsalternativen im Rahmen von Spezialisierung, Delegation
und Koordination können in der Praxis unterschiedliche Konfigurationen der Aufga-
ben- und Leitungsstruktur (Organisationsstrukturen) modelliert werden.

Ohne hier auf einzelne medizinbetriebliche Organisationsstrukturen einzugehen –
diese finden sich zum Beispiel zahlreich in Geschäftsberichten und Webauftritten –
können nachstehende Gestaltungsprinzipien zusammengefasst werden:

- Die Architektur jeder medizinbetrieblichen Organisationsstruktur kann in vier
  Grundbausteine zerlegt werden (Abb. 3.19):

- Die durch das Leitungsorgan und das Top-Management repräsentierte *strategische Spitze*, in der die Geschäftsführungsfunktion kulminiert,

- der divisional gegliederte *operative Kern*, in dem sich die medizinbetrieblichen Kernprozesse vollziehen,

- die funktionale *Technostruktur*, die für den operativen Kern Unterstützungsprozesse erbringt und

- die *Stäbe*, die gesamtbetriebliche Unterstützungsprozesse realisieren.

Abbildung 3.19: *Architektur einer medizinbetrieblichen Organisationsstruktur in Anlehnung an Mintzberg (1992)*

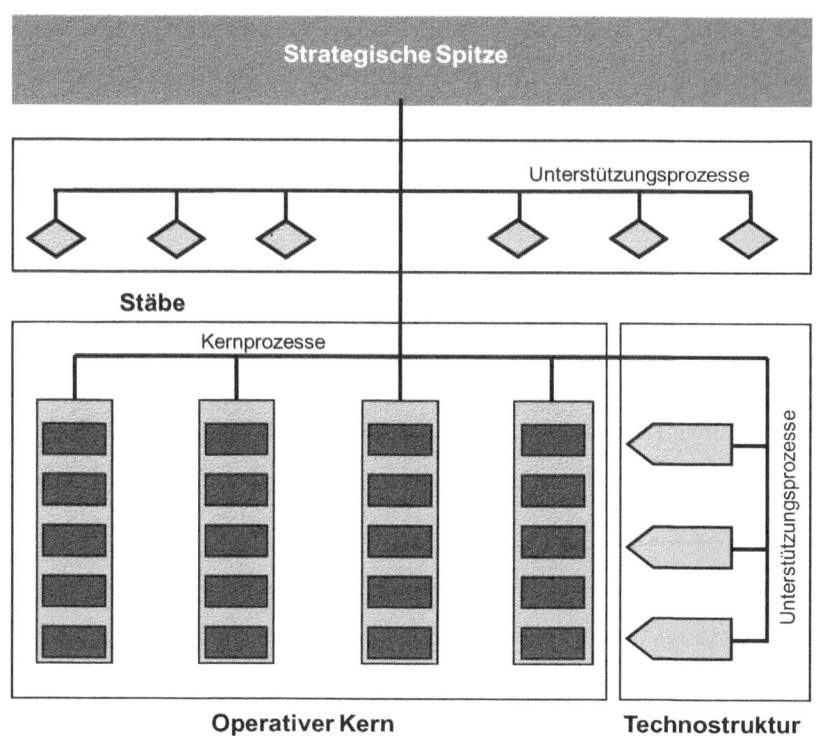

Organisationseinheiten des operativen Kerns, sogenannte strategische Geschäfts-einheiten, verkaufen ergebnisverantwortlich ihre Leistungen/Produkte gegen Ent-gelt auf dem externen Markt. Ihr Erfolgsmaßstab ist der (Deckungs-)Beitrag zum Betriebsergebnis. Organisationseinheiten der Technostruktur bieten Serviceleis-tungen vorwiegend auf dem internen Markt gegen Verrechnung kostendecken-der, aber mit dem externen Markt konkurrenzfähiger Preise an. Die Leistungen der strategischen Spitze sind, ebenso wie diejenigen der Stäbe, durch Deckungs-beiträge des operativen Kerns (strategische Geschäfte) zu finanzieren.

- Die medizinbetriebliche Organisationsstruktur ist üblicherweise auf der obersten gegliederten (zweiten) Leitungsebene funktional strukturiert. Typisch hierfür ist zum Beispiel die funktional versäulte triadische Aufbaustruktur mancher Kran-kenhäuser, die in einigen Bundesländern explizit (noch) durch Vorgaben des Lan-deskrankenhausgesetzes gefordert wird. Dabei setzt sich die bereichsbezogene berufsständische Organisation (Ärztlicher Dienst, Pflegedienst, Verwaltungs-dienst) vertikal durch alle Hierarchieebenen fort. Diese berufsständische „Silo-struktur" muss durch interdisziplinär besetzte Führungsgremien kompensiert werden.

- Der operative Kern, in dem sich die medizinbetrieblichen Kernprozesse vollzie-hen, ist divisional gegliedert (Abb. 3.20).

Strategische Geschäftseinheiten können medizinische Fachgebiete (Variante 1), Versorgungsregionen (Variante 2) oder Fachgebiete und Versorgungsregionen (Variante 3) sein; ferner Patienten mit bestimmten Krankheitsbildern (Patienten-pfade) oder unterschiedliche Leistungsaufträge (zum Beispiel Krankenhaus, Heim, Privatpatienten).

Abbildung 3.20: *Varianten zur ein- und mehrdimensionalen divisionalen Gliederung des operativen Kerns bei einem Krankenhausverbund mit den Standorten A bis E*

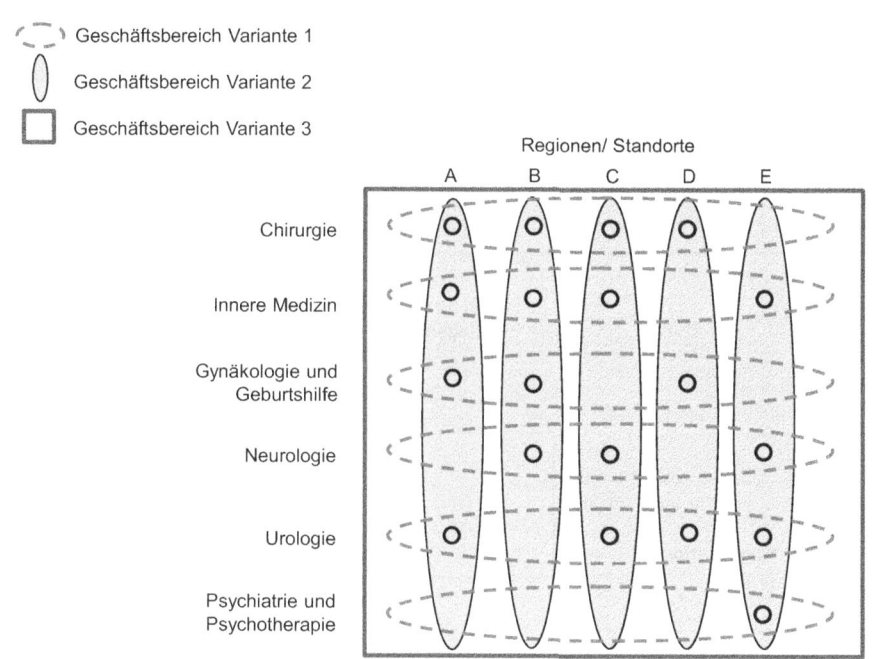

- Den operativ orientierten strategischen Geschäftseinheiten (Divisionen) stehen zumeist funktionsorientierte Zentralabteilungen gegenüber. Sie nehmen Servicefunktionen wahr (z. B. Bilddiagnostik, Pathologie, klinisch-chemische Diagnostik, Apothekenversorgung, Personal, Finanzen, Wirtschafts- und Versorgungsdienst) oder haben Stabscharakter mit begrenzten Weisungsbefugnissen gegenüber den Divisionen (z. B. Controlling, Risikomanagement, Qualitätsmanagement).

- Divisionale Strukturen begünstigen eine relative wirtschaftliche Autonomie (jedoch keine rechtliche Selbstständigkeit) der strategischen Geschäftseinheiten (Sparten). Sie können als Profitcenter mit entsprechender Ergebnisverantwortung geführt werden.

- Um die Prozess- und Ressourceneffizienz zu verbessern, werden Kompetenzen und Ressourcen medizinischer Disziplinen in Zentren gebündelt. Je nachdem, unter welchen Rahmenbedingungen ein Medizinbetrieb agiert, bietet sich eine jeweils geeignete Form und Ausgestaltung eines *medizinischen Zentrums* an. Die unterschiedlichen Gestaltungsformen lassen sich nach drei Dimensionen qualifizieren (Abb. 3.21).

Abbildung 3.21: *Dimensionen der Zentrenbildung nach Pongs et al. (2007), Seite 278*

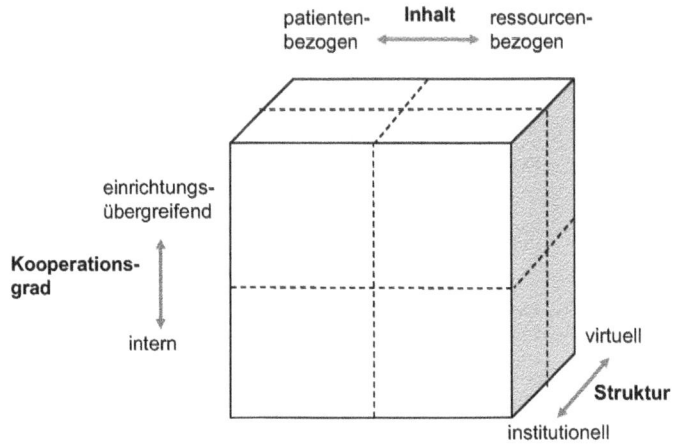

Inhaltlich können patienten- und ressourcenbezogene Versorgungsschwerpunkte gebildet werden (Tab. 3.9).

Tabelle 3.9:   *Inhaltliche Strukturierung von Versorgungsschwerpunkten bei der Bildung medizinischer Zentren*

Kriterium	Versorgungsschwerpunkt	
Patientenbezug		
organ-/ körperregionbezogen	Abdominalzentrum Beckenbodenzentrum Fußzentrum Gefäßzentrum Gelenkzentrum Herzzentrum Kopfzentrum	Lungenzentrum Muskelzentrum Neurozentrum Schilddrüsenzentrum Thoraxzentrum Wirbelsäulenzentrum
geschlechtsbezogen	Mutter-Kind-Zentrum Zentrum für Frauenleiden	
altersbezogen	Geriatriezentrum Kinderzentrum	

krankheits-/ problembezogen	Adipositaszentrum
	Allergiezentrum
	Diabeteszentrum
	Endoprothesenzentrum
	Epilepsiezentrum
	Inkontinenz-/ Kontinenzzentrum
	Wundzentrum
	Mukoviszidosezentrum
	Palliativzentrum
	Polytraumaversorgung
		Prostatazentrum
		Psychiatrisches Zentrum
		Rheumazentrum
		Schmerzzentrum
		Zentrum für Diabetes
		  und Schwangerschaft
		Zentrum für Herz-
		  Kreislauf-Erkrankungen

Ressourcenbezug	Ambulantes OP-Zentrum Dialysezentrum Interdisziplinäre Intensivmedizin Kompetenzzentrum Telematik/ Telemedizin Operatives Zentrum Radiologisches Zentrum Schlafmedizinisches Zentrum Spine Center Zentrum für minimalinvasive Chirurgie Zentrum für Orthopädie und Unfallchirurgie	

Patientenbezogene Zentren segmentieren sich in organ-/körperregionsbezogene, geschlechtsbezogene, altersbezogene oder krankheits-/problembezogene Aspekte. Sie zielen in erster Linie ab auf eine Steigerung der Versorgungsqualität und auf medizinische Exzellenz und werden vor allem dort implementiert, wo die medizinische Qualität durch Zusammenarbeit unterschiedlicher Disziplinen gesteigert werden kann (Minimierung von Schnittstellenproblemen). Patientenbezogene Zentren entfalten ihr Potenzial insbesondere in fachlichen Schwerpunkten eines Medizinbetriebes mit hohen Fallzahlen und hohem Differenzierungspotenzial im Wettbewerb.

Ressourcenorientierte Zentren werden eingerichtet, um insbesondere kostenträchtige Ressourcen zusammenzufassen und dadurch den Auslastungsgrad durch eine optimierte abteilungsübergreifende Nutzung zu steigern. Typische Beispiele hierfür sind ein Operatives Zentrum, ein Radiologisches Zentrum oder ein Spine Center, das ein Zusammenwirken von Unfallchirurgen, Orthopäden, Rehabilitationsärzten und Zahnärzten erfordert. Ressourcenorientierte Zentren sind fast immer institutionell ausgestaltet, da Patienten oder Ressourcen real an einem einzigen Ort zusammengeführt werden müssen, um sowohl die Behandlungsqualität als auch die Effizienz durch eine örtliche Bündelung zu steigern.

Demgegenüber sind Zentren, die auf eine optimierte Versorgung sehr komplexer Krankheitsbilder abzielen wie etwa ein Diabeteszentrum, tendenziell eher virtuell ausgestaltet, da der Ort, an dem die Patienten am besten versorgt werden können, sich in der Regel nach der Hauptdiagnose richtet. Kann der gesamte Diagnostik- und Behandlungsprozess innerhalb eines Medizinbetriebes geleistet werden oder sind kaum Schnittstellen zu externen Leistungserbringern zu berücksichtigen, spricht man von einem medizinbetrieblich *internen Zentrum*. Ist dies nicht der Fall, ist ein *einrichtungsübergreifendes Zentrum* beziehungsweise eine Kooperation mit umliegenden Leistungserbringern aufzubauen. In einem derart ausgestalteten Herz-Thorax-Zentrum beispielsweise, das einrichtungsübergreifend eine Fachklinik für Herzchirurgie mit einem kardiologischen Schwerpunktversorger und eine Lungenfachklinik mit einer Thoraxchirurgie sowie diverse niedergelassene Ärzte umfasst, kann durch Fallkonferenzen sichergestellt werden, dass alle Patienten in die für sie optimale Einrichtung eingewiesen werden und jedem Patienten die umfängliche Fachkompetenz der Spezialkliniken zuteil wird, ohne dass er in diese eingewiesen werden müsste. Zentren dieser Art sind in erster Linie in Ballungsgebieten mit einem hohen Spezialisierungsgrad der Leistungserbringer zu finden (Pongs et al., 2007).

- Sind mehrere Medizinbetriebe organisationsrechtlich miteinander verbunden, werden zur Vermeidung von Doppelstrukturen und zur Erzielung von Synergieeffekten Geschäftsprozesse teilweise überbetrieblich organisiert (Tab. 3.10). Allerdings bestehen zum Beispiel zwischen einzelnen Gesundheitskonzernen zum Teil erhebliche Unterschiede in Bezug auf das Portfolio der „Zentralfunktionen".

- Dislozierte, also räumlich verteilte Medizinbetriebe, die sich am Markt als Gesundheitsnetz positionieren, implementieren für Zwecke der operativen Koordination und strategischen Angebotsplanung ein leistungsfähiges medizinisches Netzmanagement.

Tabelle 3.10:   *Mögliche Zentralfunktionen bei einem medizinbetrieblichen Verbund*

- Aus-, Fort- und Weiterbildung
- Controlling
- Einkauf
- Facility-Management
- Finanzmanagement

73

- Forschung
- Informationsmanagement
- Innenrevision
- Kooperationen und Beteiligungen
- Marketing und Unternehmenskommunikation
- Personalmanagement
- Produktmanagement
- Qualitätsmanagement
- Risikomanagement
- Unternehmensentwicklung (Geschäftsfeldstrategien, Beteiligungen, Kooperationen)
- Task Force (Organisation von Betriebsübernahmen und Out of line-Situationen)

3.2.4.4 Prozessstruktur

Alle medizinbetrieblichen Wertschöpfungsaktivitäten und die dazu notwendige Führungsarbeit werden in Prozessen erbracht, die sich durch eine bestimmte sachliche und zeitliche Logik beim Vollzug spezifischer Aufgabenfelder charakterisieren lassen.

Prozesse als Objekte ablauforganisatorischer Regelungen stellen eine strukturierte Folge von Teilprozessen oder Prozessaktivitäten dar, die in ziel- und/oder sinnorientierter Beziehung zueinander stehen und damit Eingangs- und Ausgangsgrößen unter Beachtung zeitlicher und räumlicher Gegebenheiten und Erzielung eines Wertzuwachses aufweisen (Abb. 3.22).

Abbildung 3.22:   *Prozessmerkmale medizinbetrieblicher Aufgabensysteme*

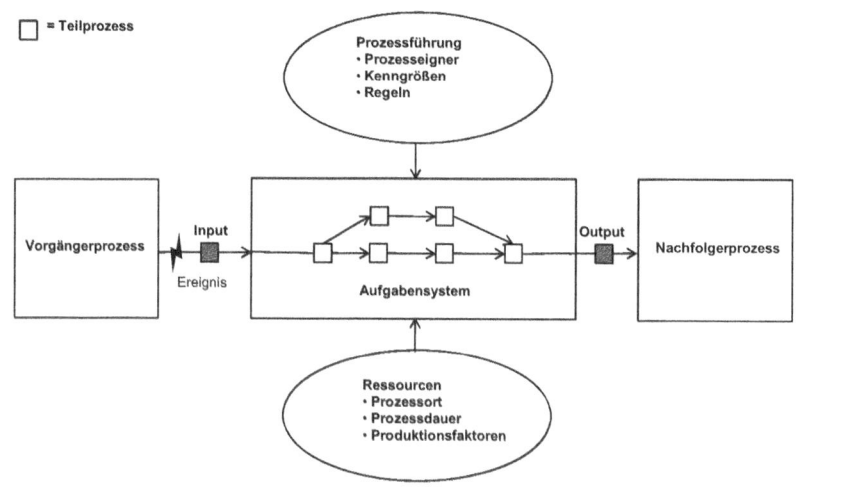

Prozessbezogene Regelungen finden Anwendung, wenn Ereignisse, Sachverhalte oder Handlungen deterministisch bestimmt oder vorhersehbar sind und von ihrer sächlichen und zeitlichen Bedeutung her geregelt werden sollen oder müssen; sei es, weil sich bestimmte (Teil-)Prozesse wiederholen oder diese, wie etwa eine Bluttransfusion, gewissen normativen Vorgaben zu genügen haben. Regelungstatbestände können dabei sein:

- die Aufgabe oder Zwecksetzung des Prozesses,

- die Bedingungen für den Anstoß des Prozesses (Triggerereignis),

- der Prozessinput,

- der Prozessoutput,

- die räumliche Vollzugskomponente (Prozessort),

- die zeitliche Vollzugskomponente (Prozessdauer),

- die für den Prozess erforderlichen Ressourcen (Produktionsfaktoren),

- die zeitliche Abfolge der Teilprozesse oder Prozessaktivitäten,

- die Instanz, der die Verantwortung für die Prozessführung übertragen ist (Prozess-Eigner),

- die Kenngrößen für die Führung des Prozesses.

Die Gesamtheit der Prozesse und die vom dispositiven Faktor für deren Vollzug erlassenen Regeln (und erwünschten Verhaltensmuster) definieren die medizinbetriebliche Prozessstruktur.

Der Umfang der Regeln (*Regelungsdichte*) wird vor allem von den Gestaltungsvorgaben der Gesundheitsleistungsproduktion (Abschnitt 4.1) bestimmt, aber auch vom einzelbetrieblichen Regelungsbedarf als Konsequenz aus dem Eintritt unerwünschten Systemverhaltens (*Betriebsstörungen*). Zwar vermittelt eine hohe Regelungsdichte (und deren Kontrolle) dem dispositiven Faktor eine formale organisationsrechtliche Absicherung und dem Aufgabenträger eine größere Entscheidungs- und Vorgehenssicherheit, zugleich erhöht sich damit aber auch das Risiko einer situativen Inkongruenz der organisatorischen Regelungen. Sie muss im Wege der Personalführung durch organisatorische Disposition (Einzelfallregelungen) oder Improvisation (provisorische Regelungen, die meist nur auf kurze Sicht Geltung haben) aufgelöst werden.

Im Unterschied zur sachlogischen Strukturierung des Medizinbetriebes in organisatorische Einheiten (Organisationsstruktur) setzen in der Perspektive einer operationalen Exzellenz konkrete Initiativen zum medizinbetrieblichen *Prozessmanagement* die Priorität. Dazu werden in der Literatur (z. B. Gaitanides, 2006; Hammer u. Champy, 1994; Osterloh u. Frost, 2006) unterschiedliche Vorgehensmodelle empfohlen. Das in Abbildung 3.23 vorgeschlagene Modell geht von sieben Phasen aus:

Ausgangspunkt ist zunächst eine Darstellung des jeweiligen medizinbetrieblichen Prozessinventars. Nach Auswahl der relevanten (Teil-)Prozesse folgt deren Analyse gemäß definierten Gestaltungszielen. Aus dem identifizierten Verbesserungspotenzial werden systematisch Veränderungsmaßnahmen bis hin zur Sollprozessstruktur abgeleitet. Anschließend werden die erwünschten Prozessabläufe im Rahmen von Einzelprojekten implementiert. Voraussetzung für die Prozessführung ist die Übertragung von Prozessverantwortung an Singular- oder Pluralinstanzen sowie die Generierung von Prozess-Kennzahlen. Die Resultate des Prozess-Controllings können wiederum Ausgangspunkt einer erneuten Prozessoptimierung sein.

Abbildung 3.23:   *Phasenmodell des medizinbetrieblichen Prozessmanagements*

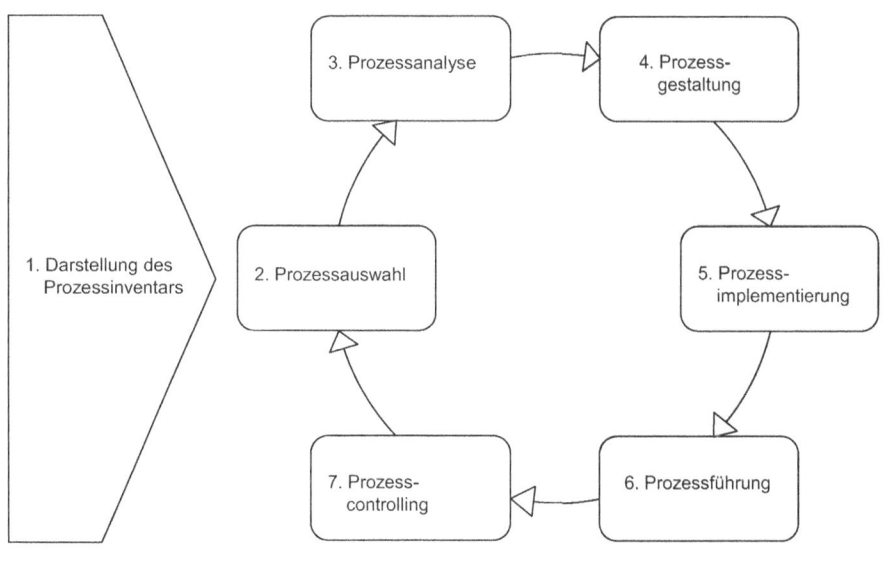

(1) Darstellung des Prozessinventars

Jedes Unternehmen besitzt nach Porter (2000) eine individuelle *Wertkette*, die in ein System vor- und nachgelagerter Wertketten von Abnehmern und Lieferanten eingebettet ist. Beispiele für solche *Wertschöpfungsketten* (engl. Supply Chains) oder Wertsysteme (engl. Value Systems), wie Porter sie bezeichnet, sind intersektorale Kooperationen oder Lieferketten für Medikalprodukte (Burns, 2002). Das Konzept der Porter'schen Wertkette entspricht im Kern der traditionellen Einteilung in die bekannten betrieblichen Funktionen (Entwicklung, Beschaffung, Produktion, Marketing/Vertrieb, Absatz usw.). Neu ist jedoch die Idee, den Leistungsprozess zum Gegenstand strategischer Überlegungen zu machen und die Prozesse der Wertkette als Quellen für Kosten- oder Differenzierungsvorteile gegenüber Wettbewerbern zu betrachten (Bea et al., 2005). Wie aus Abbildung 3.24 hervorgeht, setzt sich eine betriebliche Wertkette aus „primären Aktivitäten", die unmittelbar auf die Stiftung von Kundennutzen ausgerichtet sind, und diese „unterstützenden Aktivitäten" zusammen. Für Medizinbetriebe lassen sich die primären Wertaktivitäten wie folgt beschreiben (Altobelli et al., 1998; Spiegel, 2003; Helling, 2009; Prieß, 2009):

Für den „Aufbau der Geschäftsbeziehung" ist zunächst die Herstellung der medizinbetrieblichen Leistungsbereitschaft und die Gewinnung von Kunden erforderlich. Neben den Patienten sind Kunden im weitesten Sinn auch diejenigen Zuweiser, die maßgeblichen Einfluss auf die Entscheidung des Patienten nehmen, welcher weitere Leistungsanbieter in Anspruch genommen werden wird. Die nachfolgenden Aktivitäten (Eintritt, Behandlung/Betreuung, Austritt, Nachsorge) können entweder kontinuierlich (z. B. langjährige Behandlung beim Hausarzt) oder einmalig, so zum Beispiel in der Regel in der Notfallversorgung, ablaufen. Je nach Leistungsanbieter kommt dem „Eintritt" ein unterschiedlicher Stellenwert zu. So kann das Spektrum von der patientenbezogenen Vorplanung einer Rehabilitationsbehandlung oder eines elektiven operativen Eingriffs bis zur Aufnahme in lebensbedrohlichen Notfällen in einem Krankenhaus oder eines künftigen Bewohners in einem Pflegeheim reichen. Neben dem administrativen Aufnahmevorgang wird beim Eintritt bereits auch über die Behandlung eines Patienten entlang eines Behandlungspfades entschieden.

Abbildung 3.24: *Wertkette für Medizinbetriebe in Anlehnung an Porter (2000), Helling (2009) und Prieß (2009)*

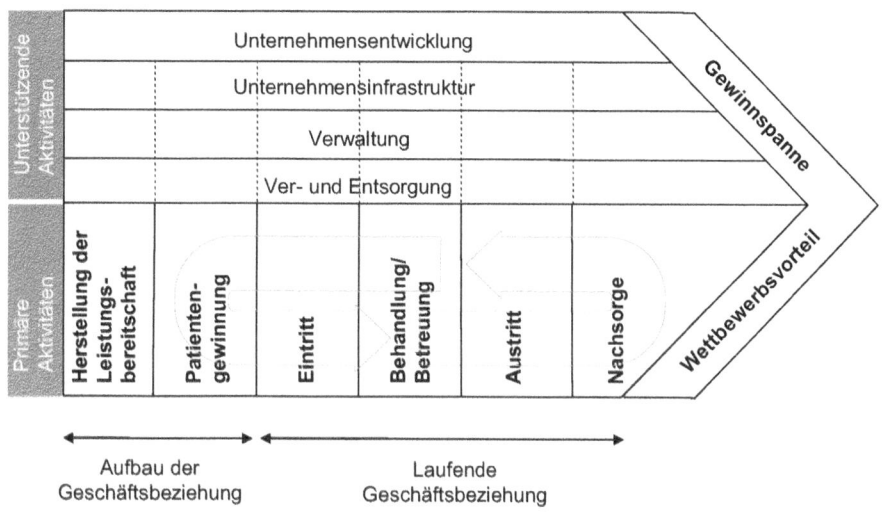

Die Aktivität „Behandlung/Betreuung" steht für die eigentliche Leistungserbringung, kennzeichnet also die Behandlung (Diagnostik, Therapie), Pflege und Betreuung des Patienten. Auch für den „Austritt" besteht ein breites Spektrum. Es reicht von einer Verabschiedung nach ambulanter Behandlung mit oder auch ohne erneute Terminabsprache bis zur Entlassung nach stationärer Krankenhausbehandlung mit Organisation häuslicher Krankenpflege, Information des Hausarztes usw. Oftmals findet auch eine Nachsorge, Nachkontrolle oder Ähnliches statt. Exemplarisch seien hier nur eine ambulante Rehabilitationsmaßnahme, die lebenslängliche medizinische Überwachung eines Diabetikers oder ein Anruf des behandelnden Arztes, wie zum Beispiel ein neues Medikament vertragen werde und wie der Patient sich fühle, genannt. Aus der Nachsorge oder auch bereits aus dem Austritt kann sich ein neuer Eintritt des Patienten in die Wertkette ergeben. Da aber auch bei einer in mehreren Phasen ablaufenden Behandlung nicht sicher ist, dass der Patient „automatisch" wieder denselben Medizinbetrieb wählen wird, ist die Aktivität „Patientengewinnung" zwingend in den Prozess der kontinuierlichen Leistungserbringung zu integrieren (Pfeildarstellung in Abb. 3.24).

Sämtliche Wertaktivitäten oder das medizinbetriebliche Prozessinventar können gesamthaft in einer sogenannten *Prozesslandkarte* visualisiert werden (für den Krankenhausbetrieb siehe Abb. 3.25; für Pflegeorganisationen siehe z. B. Blonski et al., 2003). Je nachdem, ob man eher am Gesamtüberblick oder an Details der einzelnen Prozesskategorien interessiert ist, kann eine Prozesslandkarte unter verschiedenen Auflösungsgraden betrachtet werden, zum Beispiel aus einer Makro- oder einer Mikroperspektive (Rüegg-Stürm, 2003). Dazu werden die interessierenden Prozesse in Teilprozesse aufgelöst, die wiederum als Abfolge von Prozessaktivitäten dargestellt werden (Abb. 3.26). Diese schrittweise Dekomposition erfolgt so lange, bis eine weitere Zerlegung nicht mehr möglich oder sinnvoll ist. Auf diese Weise entsteht eine hierarchische Gliederung von Prozessen, bei der sich die Hierarchieebenen durch den jeweiligen Auflösungsgrad (Grad der Detaillierung) unterscheiden.

(2) Prozessauswahl

Nur bei der Implementierung neuer Prozesse wird man sich bei der Prozessgestaltung mit vollkommen neuartigen Abläufen auseinandersetzen. Meist geht es um eine prozessorientierte Reorganisation bestehender Abläufe (Prozessoptimierung). Im Mittelpunkt der Optimierungsanstrengungen stehen dabei Prozesse mit einer großen strategischen Bedeutung und/oder solche mit einem hohen Optimierungspotenzial hinsichtlich einer guten Prozessqualität, einer kurzen Durchlaufzeit, geringen Fallkosten sowie einer hohen Patienten- und Mitarbeiterzufriedenheit.

Abbildung 3.25:   *Beispiel einer Prozesslandkarte für ein Krankenhaus mit zwei Kernprozessen (A: Patientenbehandlung; B: Forschung und Lehre). Die abgebildeten Prozesse sind im Anhang erklärt.*

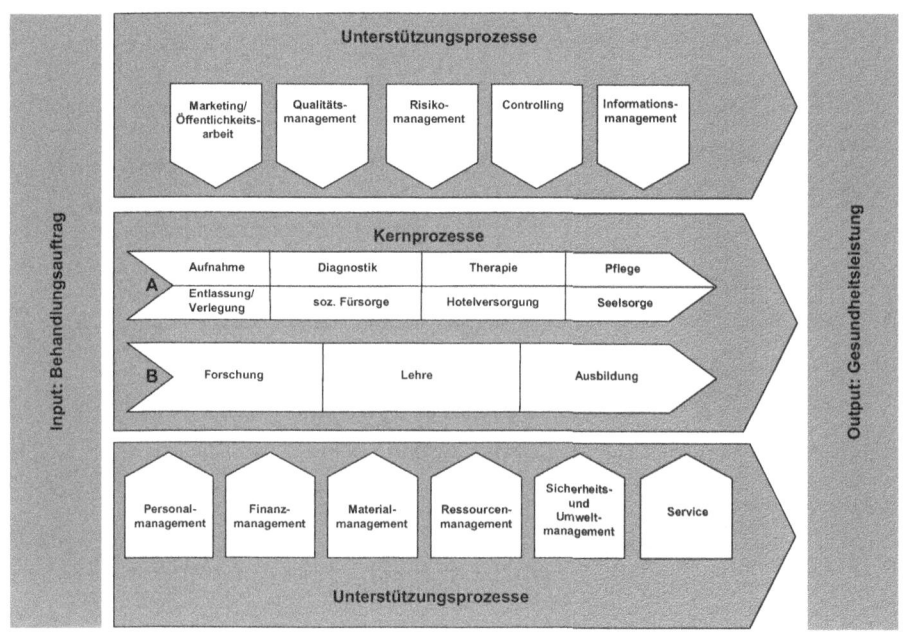

(3) Prozessanalyse

Ziel der Prozessanalyse ist es, eine breit abgestützte, umfassende Transparenz über die aktuellen Aktivitäten in den ausgewählten Prozessen zu gewinnen. Dazu bedarf es zunächst einer Aufnahme[8] und Visualisierung[9] der relevanten Ist-Prozesse.

---

8   Prozesspläne können nach unterschiedlichen Notationen erstellt werden; z. B. Ablaufdiagramme, Arbeitsablaufpläne, Business Process Modeling Notation (BPMN), Datenflussplan, Ereignisgesteuerte Prozessketten, Hierarchy-of-Input-Process-Output-Methode (HIPO-Methode), Petri-Netz, Structured Analysis and Design Technique (SADT). Unterschiede bestehen hinsichtlich der Berücksichtigung von datenorientierten, funktionsorientierten, ressourcenorientierten oder organisationsorientierten Aspekten.

9   Möglich ist eine Visualisierung von Prozessen mittels entsprechender Organisationsmittel (z. B. Metaplankarten, Post-it-Etiketten, Packpapier und Filzstiften) oder Softwaretools wie z. B. ARIS® der IDS Scheer AG, Microsoft VISIO®.

Abbildung 3.26: *Formalisierung und Dekomposition medizinbetrieblicher Prozessstrukturen in Anlehnung an das Wertketten-Modell von Porter (2000)*

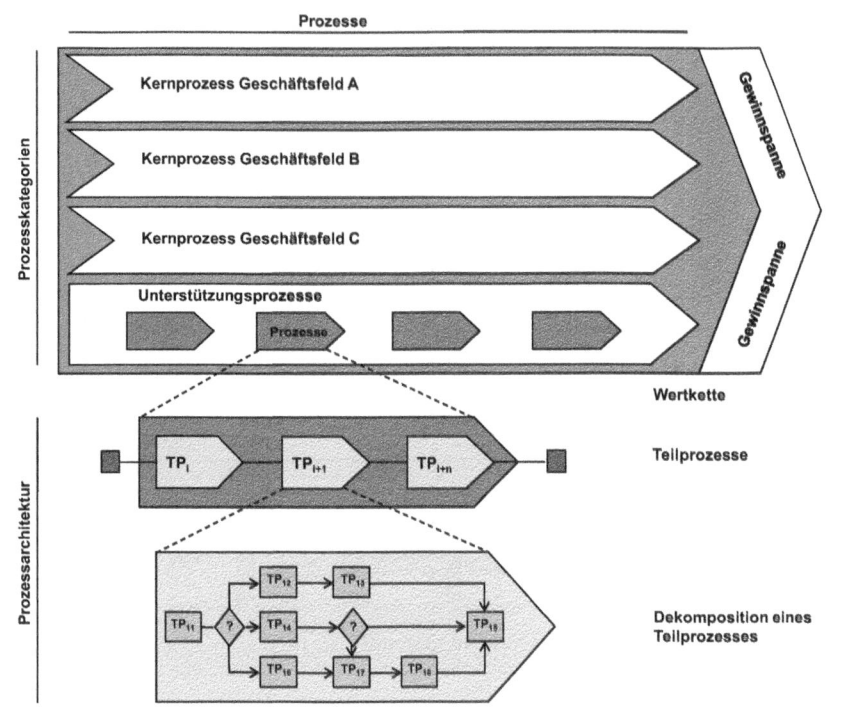

Die sich daran anschließende Überprüfung beziehungsweise kollektive Reflexion der rekonstruierten Prozessabläufe schafft unter den Prozessbeteiligten nicht nur ein gemeinsames mentales Bild der in der eigenen Alltagswirklichkeit tatsächlich routinemäßig vollzogenen Abläufe, sondern dient zugleich auch einer Vergemeinschaftung der erkannten Problemlagen und Lösungsoptionen. Ein solches Review gewinnt zusätzlich an Qualität, wenn die rekonstruierten Prozesse von Beschäftigten anderer Organisationsbereiche hinterfragt werden, was eine wertvolle Fremdsicht einbringt und eine Perspektivenübernahme durch diese ermöglicht. Nur so kann in einem hochfragilen Kontext einer unzulässigen Trivialisierung der Probleme vorgebeugt und der

Grundstein für eine nachhaltige Prozessoptimierung gelegt werden – ohne Erfolgsgarantie, aber mit guten Aussichten für alle Beteiligten (Rüegg-Stürm, 2008).

(4) Prozessgestaltung

Auf der Basis eines vergemeinschafteten Problemverständnisses und identifizierter Verbesserungspotenziale können nun konkrete Verbesserungsmaßnahmen erarbeitet werden. Nach dem Ausmaß und der Tiefe der organisatorischen Veränderung (Radikalität) geht es dabei in der Mikroperspektive um eine Standardisierung oder eine kontinuierliche Verbesserung der bestehenden medizinbetrieblichen (Teil-)Prozesse im Sinne des PDCA-Zyklus, in der Makroperspektive um deren systematische Neukonzeption mit dem Ziel der Schaffung einer prozessorientierten Organisation (Tab. 3.11).

Tabelle 3.11: *Aus dem Bereich der Sachgüterproduktion proliferierte Ansätze zur Modellierung der medizinbetrieblichen Prozessstruktur, systematisiert nach dem Ausmaß und der Tiefe der organisatorischen Veränderungen (Radikalität) in Anlehnung an Rüegg-Stürm (2006).*

gering   Radikalität   hoch

Standards setzen	**Prozessmodellierung**	
	evolutionäre Optimierung	**radikale Erneuerung**
Qualitätsentwicklung und -zertifizierung	Kontinuierlicher Verbesserungsprozess	Business (Process) Reengineering
Total Quality Management	Lean Production Management	Process Innovation
	Lean Six Sigma	

Eine *Standardisierung* oder Dokumentation von Soll-Prozessen zielt darauf ab, Transparenz, rechtliche Sicherheit und Verbindlichkeit über relevante Abläufe zu erhalten und ein angemessenes Qualitätsniveau sicherzustellen. Sie wird in Medizinbetrieben nicht nur begünstigt durch die Ökonomisierung der Medizin, das dynamisch wachsende medizintechnische Leistungspotenzial, die Akzeptanz des Konzeptes der evidenzbasierten Medizin und die vielfältigen Gestaltungsvorgaben für die Gesundheitsleistungsproduktion, sondern bei der Anwendung und Implementierung medizinbetrieblicher Qualitätsentwicklungs- und Qualitätszertifizierungssysteme sogar ausdrücklich gefordert. Die Standards können sich auf einzelne Prozessaktivitäten wie die Kontrolle des Lithium-Spiegels bei Anwendung eines Neuroleptikums oder, wesentlich umfassender, auf die Abfolge von Prozessaktivitäten oder (Teil-)Prozesse beziehen; so zum Beispiel zur Organisation des ärztlichen Bereitschaftsdienstes, zur Durchführung bestimmter Operationen, zur Aufnahme eines Patienten oder zum Entlassungs- und Versorgungsmanagement. Solche standardisierten Teilprozesse (*Prozessbausteine*) können modularisiert und nach sachlogischen Aspekten flexibel miteinander kombiniert werden, um die in Medizinbetrieben gebotene Varietät der Abläufe abzubilden und handhabbar zu machen (Ziegenbein, 2001). Einzelbetrieblich werden Standards durch entsprechende Reglements und Festlegungen (Organisationsanweisungen, Prozess-/Verfahrensbeschreibungen, Checklisten) umgesetzt, überbetrieblich als Gesetze, Verordnungen, Vorschriften, medizinische Leitlinien, Richtlinien und Empfehlungen vorgegeben.

Evolutionäre Optimierungskonzepte wie ein kontinuierlicher Verbesserungsprozess[10] (Imai, 2001), Lean Management (Bösenberg u. Metzen, 1993) und Business Process Improvement (Harrington, 1991) eignen sich besonders für so komplexe Systeme wie Medizinbetriebe, weil sie einen radikalen Bruch mit „routinisierten Interaktionsmustern", gewachsenen Prozessen in ihrer konkreten, alltäglichen Ausprägung vermei-

---

[10] Entspricht dem japanischen Kaizen (Brunner, 2008).

den. Vielmehr wird explizit auf deren kontinuierliche und sukzessive Verbesserung im Sinne des von Womack und Jones (2005) postulierten *„Lean-Thinking"* und eine verbesserte Prozessführung durch Festlegung klarer Prozessverantwortlichkeiten gesetzt. Die Vermeidung von Fehlern, Überproduktion, Stillstands- und Wartezeiten, Lagerung, überflüssigen Bewegungsabläufen im Arbeitsablauf und natürlich auch überflüssigen Arbeitsabläufen selbst oder falsch genutzten Ressourcen (z. B. Wahrnehmung von Aufgaben durch überqualifizierte Mitarbeiter) gelten dafür beispielhaft als mögliche Stoßrichtungen (Graban, 2008). Dies wird beispielsweise erreicht durch die Bildung rationaler Prozessketten (Abb. 3.27), die Triagierung von Prozessen[11], die Schaffung von fließenden Prozessen durch die Reduktion und Koordination von Schnittstellen sowie die konsequente Identifikation und Eliminierung nicht werthaltiger Elemente (Verschwendung).

---

[11] Mit der Triage-Idee ist die horizontale Segmentierung von Prozessen nach ihrer Charakteristik (Standard- und Sonderfälle) gemeint (Hammer u. Champy, 1995). Gliederungskriterium für die Auftragsabwicklung ist die Komplexität bzw. Routinisierbarkeit von Prozessen. Praktiziert in Medizinbetrieben wird z. B. eine Dreifachgliederung nach Notfällen, elektiven ambulanten Fällen und elektiven stationären Fällen, wobei die stationären Behandlungsfälle weiter nach verschiedenen Behandlungspfaden untergliedert werden könnten.

Abbildung 3.27: *Möglichkeiten zur Modellierung von Prozessketten in Anlehnung an Schulte-Zurhausen (2005), Seite 125*

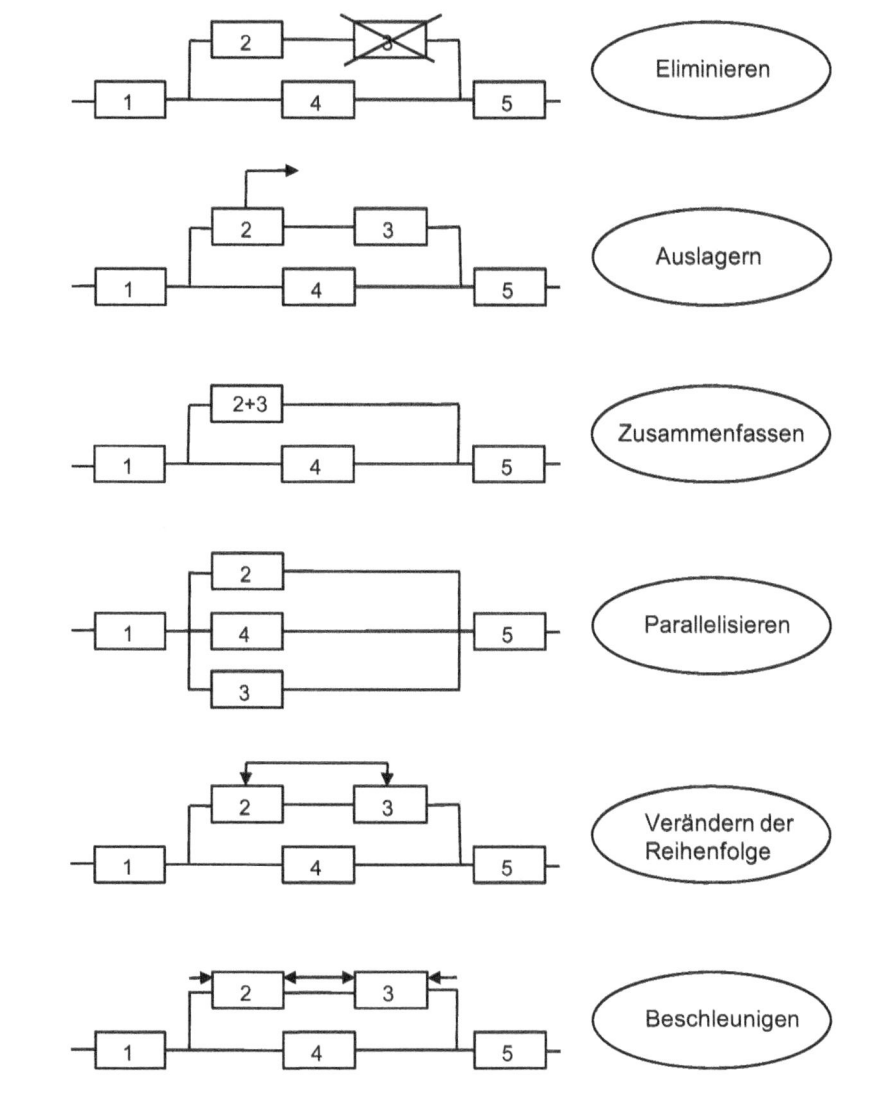

Beim Ansatz der *radikalen Erneuerung,* zum Beispiel Business Process Reengineering (Johansson et al., 1993), Business Reengineering (Hammer u. Champy, 1995) oder Process Innovation (Davenport, 1993), geht es um eine systematische Ausrichtung des operativen Medizinmanagements auf eine konsequent patientenzentrierte durchgängige Gestaltung, Abstimmung und Steuerung aller Aktivitäten entlang der medizinbetrieblichen Wertkette (Abb. 3.28).

Abbildung 3.28: *Prozessorientierte Organisation bei einem psychiatrischen Krankenhaus. Die vier Kernprozesse sind fachabteilungs- und funktionsübergreifend systematisch auf die Patientenbedürfnisse abgestimmt.*

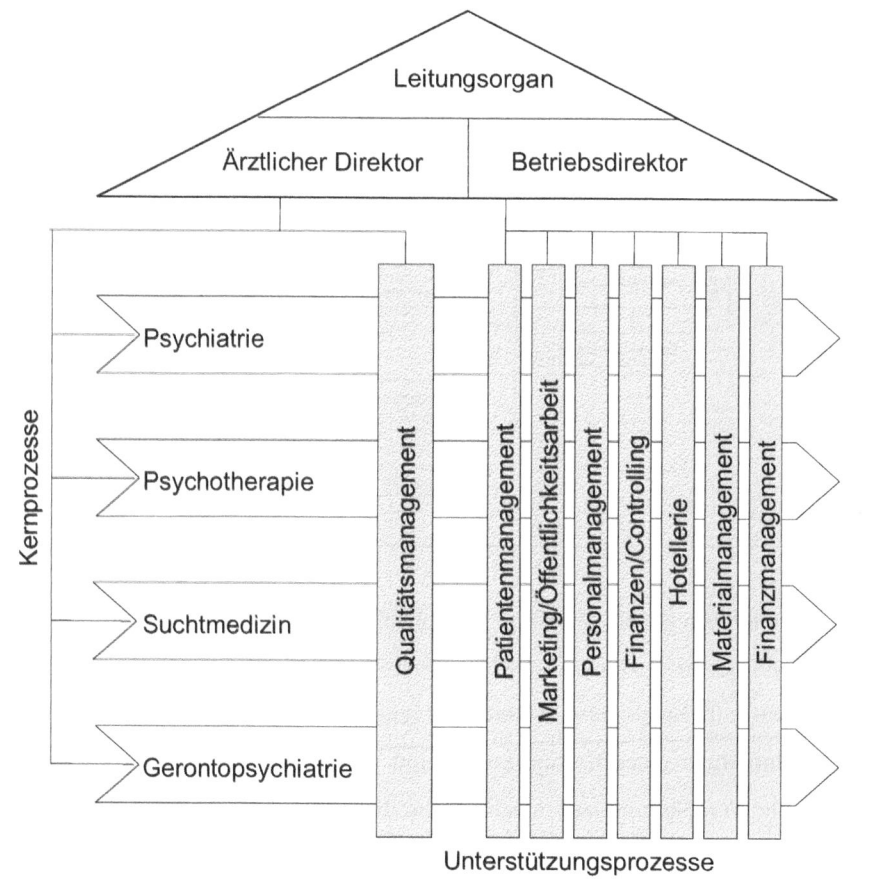

Dazu bedarf es der Schaffung organisatorischer Einheiten mit professionsübergreifender Prozessverantwortung (Prozessorganisation) und der Entwicklung einer „Kooperationskultur" zur Stabilisierung einer bereichsübergreifenden patientenzentrierten Zusammenarbeit. Strukturell werden diese Anforderungen durch eine integrierende Ausdifferenzierung von Fachverantwortung einerseits und Prozessverantwortung andererseits umgesetzt (Abb. 3.29).

Abbildung 3.29:   *Kernprozess Suchtmedizin. Die Behandlungsroutinen und deren struktu-relle Verankerung sind auf idealtypische Behandlungspfade ausgerichtet.*

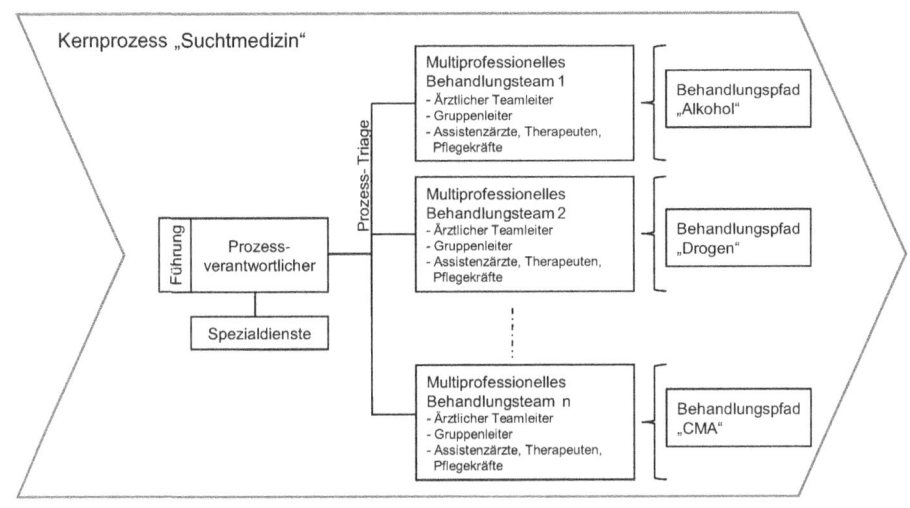

Die Führung eines Kernprozesses obliegt (gegebenenfalls gemeinsam mit einem Prozesscontroller) jeweils einem ärztlichen Prozessverantwortlichen, dem auch gewisse Spezialdienste (beispielsweise Sekretariat, Hygiene, Diagnostiklabor) zugeordnet sein können. Innerhalb eines Kernprozesses sind die Behandlungsroutinen und deren strukturelle Verankerung auf idealtypische Behandlungspfade ausgerichtet. Jedes multiprofessionelle Behandlungsteam behandelt unterschiedliche Patientengruppen, was in Abbildung 3.29 mit den zugehörigen Behandlungspfaden (Alkohol, Drogen, CMA) dargestellt ist. Eine systematische Triage sorgt dafür, dass Patienten mit Mehrfachdiagnosen (Chronisch Mehrfachbeeinträchtigte Alkoholiker), die keinem der beiden standardisierten Behandlungspfade („Alkohol", „Drogen") zugewiesen werden können, spezifische Ressourcen zur Verfügung haben.

(5) Prozessimplementierung

Je nach Kontext und antizipierter Optimierungsstrategie erfordert die Umsetzung der optimierten Prozessstruktur mehr oder weniger aufwendige Einzelprojekte, was eine adäquate Projektorganisation notwendig macht. Mit der Erstellung übersichtlicher Arbeitspakete, die jeweils Maßnahmen, Zielgrößen, Termine und Verantwortlichkeiten aufzeigen, kann die Implementierung der neuen Abläufe wesentlich unterstützt und in ihrem Fortschritt nachgeprüft werden (Projektmanagement). Weil die Implementierung der ablauforganisatorischen Regeln im laufenden Betrieb zu erfolgen hat, sollte gegebenenfalls auch eine Unterstützung der beteiligten Führungskräfte und Mitarbeiter durch einen (externen) Coach oder Berater in Erwägung gezogen werden, der einen Teil der notwendigen Strukturierungs- und Stabilisierungsleistung übernehmen kann. Auf der Sachebene sind – wie Abbildung 3.30 andeutet – vielfältige Aspekte zu berücksichtigen. Zum einen sind die Funktionalitäten (und gegebenenfalls die Datenmodelle) der medizinbetrieblichen Anwendungssysteme den Anforderungen der modellierten Prozessstruktur anzupassen[12], zum anderen ist für deren Routinisierung ein organisationales Commitment der Prozessbeteiligten erforderlich. Um dies zu erreichen, sind die Prozessbeteiligten rechtzeitig vor dem Einführungstermin mit den vom Management freigegebenen neuen Abläufen und Rollen vertraut zu machen und in den neuen Abläufen zu schulen, damit sie diese möglichst gut beherrschen und reibungsfrei durchführen können. Zudem sollten die neuen Prozessbeschreibungen (engl. Process Playbooks) in der im Intranet repräsentierten medizinbetrieblichen Wissensbank hinterlegt sein.

---

[12] Je nach Spielart des Prozessmanagements handelt es sich dabei um begrenzte softwaretechnische Adaptionen oder sehr komplexe (Neu-)Entwicklungen integrierter Anwendungssysteme.

Abbildung 3.30:   *Sichten einer Prozessarchitektur in Anlehnung an Scheer (1997)*

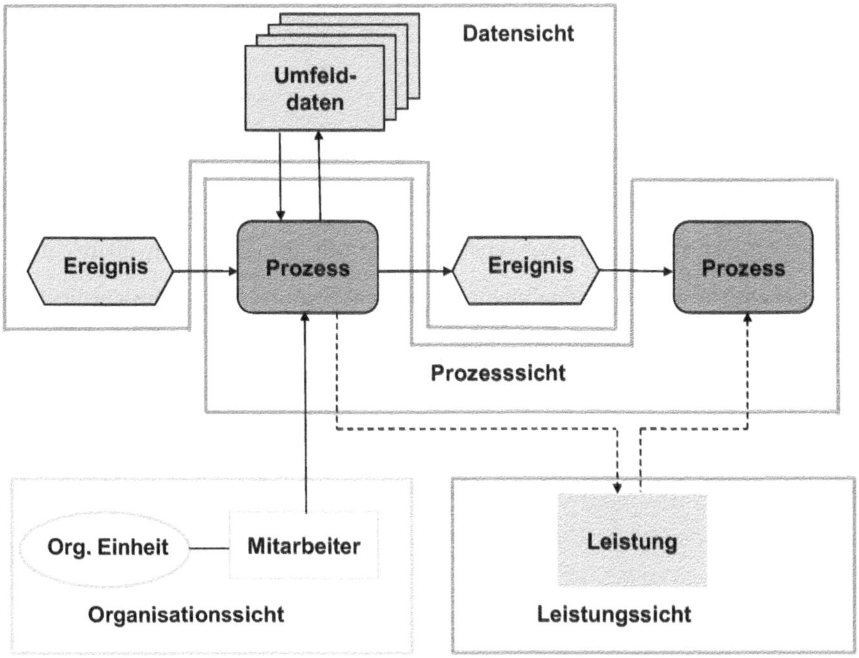

---

(6) Prozessführung

Voraussetzung für die Prozessführung ist die Zuweisung entsprechender Verantwortlichkeiten an die jeweiligen *Prozesseigner* (Hammer u. Stanton, 2000).

Davon zu unterscheiden ist bei medizinischen Kernprozessen die medizinische Fallverantwortung (*Case Management*), die auch aus rechtlichen Gründen ausschließlich ärztlichen Mitarbeitern vorbehalten ist. Beide Verantwortlichkeiten können entweder bei einem ärztlichen Prozesseigner integriert oder bei Aufteilung auf verschiedene Berufsgruppen (z. B. Arzt, Gesundheits- und Krankenpfleger) kooperativ organisiert werden.

(7) Prozesscontrolling

Zur Kontrolle der für einen Prozess vereinbarten Zeit-, Qualitäts- und Kostenziele sind geeignete Messgrößen und Prozesskennzahlen festzulegen, die sich möglichst ohne großen Aufwand erheben lassen. Solche Kennzahlen sind ein wichtiges Element für eine kontinuierliche Prozessverbesserung. Diese obliegt, ohne dass ständig grundlegende Festlegungen infrage gestellt werden, dem Prozesseigner, prozessübergreifend oftmals einem Qualitätszirkel oder einem KVP-Team. Für die als sinnvoll erkannten Optimierungen darf selbstverständlich die Aktualisierung der Prozessbeschreibungen nicht vergessen werden.

3.2.5   Systeme

Die in Abbildung 3.31 dargestellten „Systeme" materialisieren die vorgenannten Ordnungsmomente auf der operativen Ebene. Sie stellen strategische (Führungs-) Potenziale dar (vgl. Abb. 3.14).

3.2.5.1   Ziel- und Strategiesystem

Die Komponenten des Ziel- und Strategiesystems – Mission, Vision, Leitwerte, Gesamtstrategie und Teilstrategien – beschreiben das *strategische Orientierungswissen*. Es umfasst gewissermaßen die Konfiguration der zukünftig angestrebten strategischen Erfolgsposition (Pümpin, 1992), die es dem Medizinbetrieb ermöglichen soll, im Vergleich zu seinen Wettbewerbern langfristige Marktvorteile zu erlangen. Die strategischen Absichten und deren Beziehungen zu den strategischen Potenzialen visualisiert eine *Strategy Map* (Abb. 3.32). Sie dient der Einordnung der Strategieprojekte, aber auch als Bezugsrahmen für die Allokation knapper Ressourcen sowie als Orientierungshilfe bei der Wahrnehmung oder Ablehnung von Opportunitäten (z. B. Kooperationsangebote, Beteiligungen an anderen oder Kauf anderer Unternehmen). Die über

die Strategy Map definierten Strategieprojekte gehen unmittelbar in zeitraumbezoge-

ne Maßnahmenpläne ein. Diese *Business-Pläne* definieren im Einzelnen die in einer

Planperiode (in der Regel das Geschäftsjahr) zu erreichenden Strategie- beziehungs-

weise Geschäftsziele, den medizinischen Leistungsplan, den Erfolgs- und Finanzplan,

den Investitionsplan, die Projektpläne, den Fort- und Weiterbildungsplan sowie den

Marketingplan. Die vom Träger/Überwachungsorgan für eine Planperiode verab-

schiedeten Business-Pläne können mit dessen Genehmigung geändert werden, falls

strategische und/oder operative Bedingungslagen dies erforderlich machen sollten.

Abbildung 3.31:   *Teilsysteme eines medizinbetrieblichen Managementsystems*

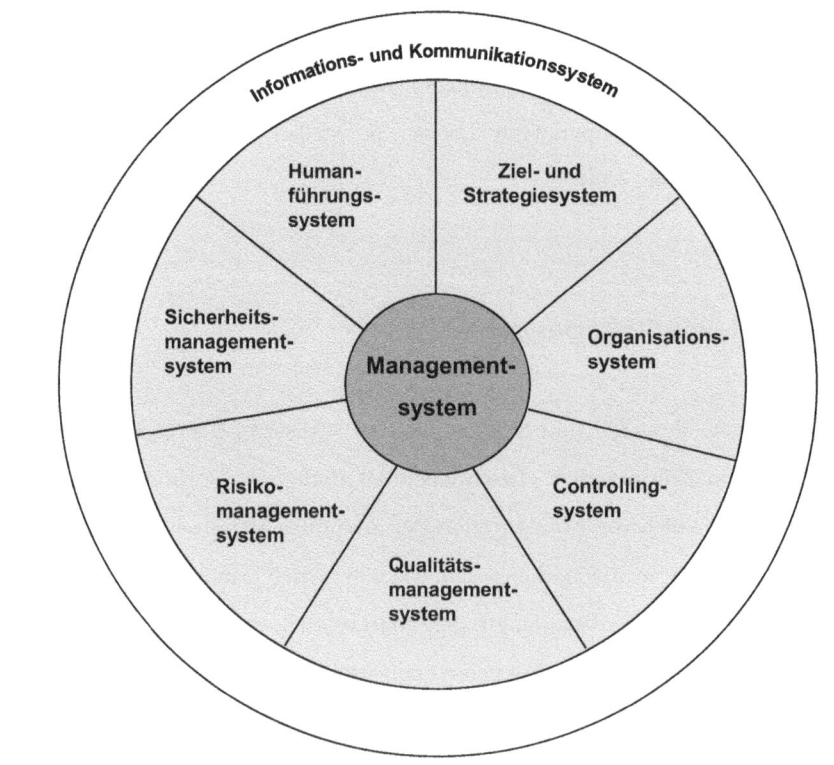

Abbildung 3.32: *Generalisierte medizinbetriebliche Strategy Map mit Angabe der Ursache-Wirkungs-Beziehungen*

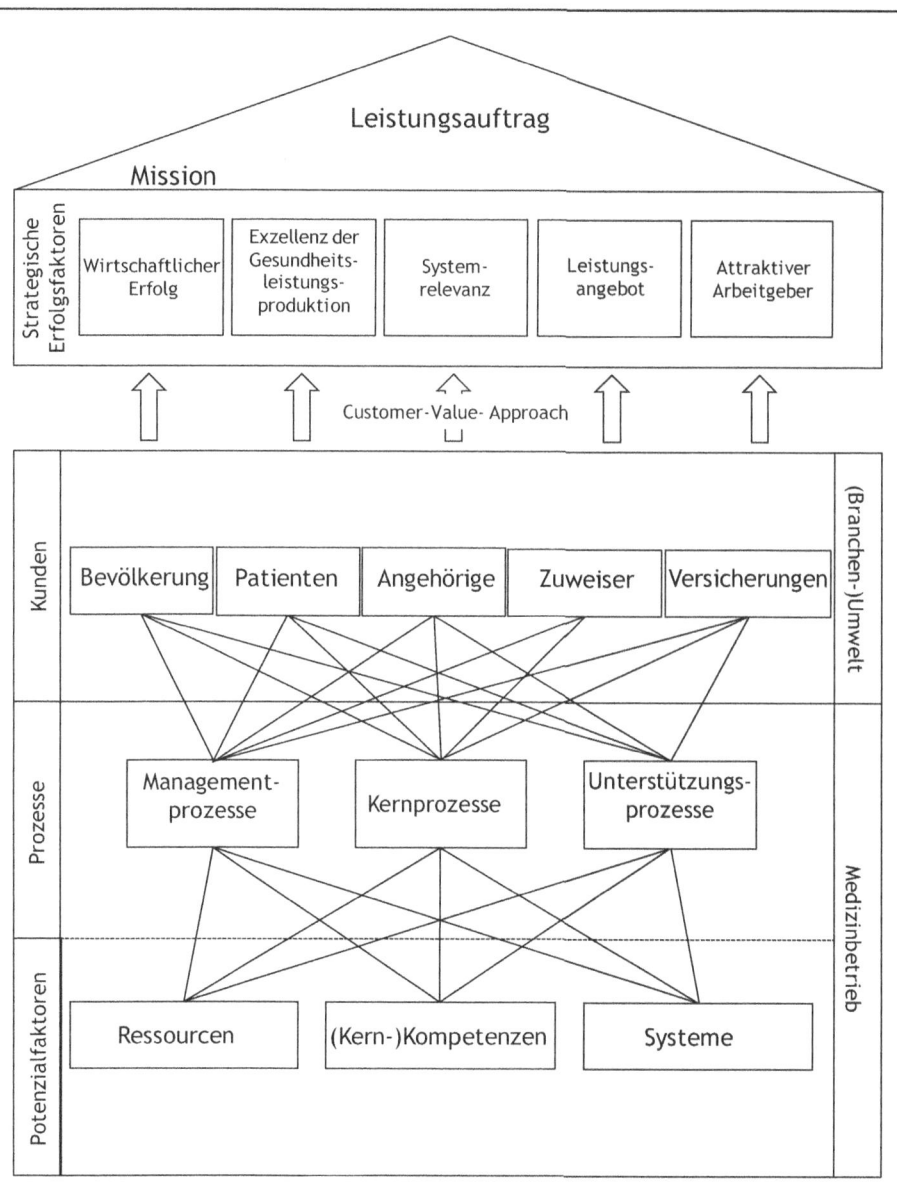

3.2.5.2 Organisationssystem

Das Organisationssystem materialisiert die für einen konkreten Medizinbetrieb gültigen organisatorischen Regeln (Organisationsstruktur, Prozessstruktur).

Je nach Wahl der Gestaltungsalternativen im Rahmen von organisatorischer Differenzierung, dispositiver Koordination und Prozessgestaltung entstehen, abhängig von der Betriebsgröße, der medizinbetrieblichen Leistungs-, Organisations- und Kooperationsform, unterschiedliche Qualitäten des Organisationssystems. Sie können dimensional nicht nur anhand nominal-qualitativer, sondern auch quantitativer Kriterien beschrieben werden (Tab. 3.12).

Tabelle 3.12: *Dimensionen zur Beschreibung des Organisationssystems in Anlehnung an Schulte-Zurhausen (2005), Seite 28*

Dimension	Bedeutung
Spezialisierung	Grad, in dem Tätigkeiten auf unterschiedliche spezialisierte Stellen verteilt sind
Standardisierung	Grad, in dem Verhaltensweisen der Aufgabenträger durch Routineverfahren festgelegt sind
Formalisierung	Ausmaß von schriftlich fixierten Regeln, Verfahren, Anweisungen und schriftlicher Kommunikation
Konfiguration	äußere Form des Stellengefüges, in erster Linie bestimmt durch die Zahl der Leitungsebenen
Zentralisierung	Ausmaß der Entscheidungskompetenzen an der Spitze der Hierarchie
Partizipation	Grad der Beteiligung von Mitarbeitern an Leitungsaufgaben

Materialisierungen des Organisationssystems sind das Organigramm, Stellenbeschreibungen, Stellenpläne, Prozesslandkarten, Standards und Verfahrensanweisungen für den Vollzug von (Teil-)Prozessen, die im medizinbetrieblichen Intranet administriert werden können. Dies sichert nicht nur eine zuverlässige Aktualisierung, sondern unterstützt auch Verweise (Links, Hypertextstrukturen) innerhalb eines umfangreichen (komplexen) Regelsystems. Die Verantwortung für die Pflege einer solchen *„organisatorischen Wissensbank"* könnte zum Beispiel dem Qualitätsmanagementbeauftragten des Medizinbetriebes zugewiesen werden. Regeländerungen bedürfen jeweils einer Beschlussfassung der dazu legitimierten Gremien. Das Organisationssystem wird durch Bekanntmachung bei den Betroffenen „institutionalisiert". Damit werden nicht nur formalisierte Verhaltenserwartungen, sondern für die Beschäftigten auch mehr oder weniger arbeitsrechtlich bindende Tatbestände geschaffen.

3.2.5.3 Controllingsystem

Das Controllingsystem unterstützt einen medizinbetrieblichen Steuerungsprozess, der sich als Regelkreis aus Zielsetzung, Aktion, Abweichungsanalyse und Reaktion zusammensetzt (Abb. 3.33).

Controlling bedeutet zum einen die laufende Abstimmung von Planung als Festlegung von (Teil-)Zielen und Zielerreichungsmaßnahmen im Rahmen einer vorzugebenden Zielsetzung und von Kontrolle als Gegenüberstellung von Plan-Soll und realisierter Ist-Situation. Weitere Bestandteile des Controllings sind die Abweichungsanalyse als Ursachenforschung sowie Gegensteuerungsmaßnahmen und die Gestaltung aufeinander abgestimmter Planungs-, Kontroll- und computergestützter Berichtssysteme für die medizinbetriebliche Führung. Dazu bedarf es insbesondere einer vertikalen (Detaillierung bzw. Verdichtung von Daten auf den einzelnen betrieblichen Ebenen), horizontalen (gesamtzielorientierten Aggregation der Daten auf der obersten Leitungsebene) und zeitlichen Koordination der entsprechenden Informationsprozesse und der Festlegung personaler Verantwortlichkeiten. Die wichtigsten Kontrolltechniken sind Kennzahlenvergleiche, die Plankostenrechnung, das Target Costing und das Benchmarking. Typische Handlungsfelder des Controllings im Medizinbetrieb sind unter anderem das strategisch-politische Controlling, das Personal-, Finanz- sowie Investitions-Controlling, das Materialwirtschafts- und Leistungs-Controlling, das Medizin-Controlling und das Beteiligungs-Controlling.

Abbildung 3.33:   *Controlling-Algorithmus*

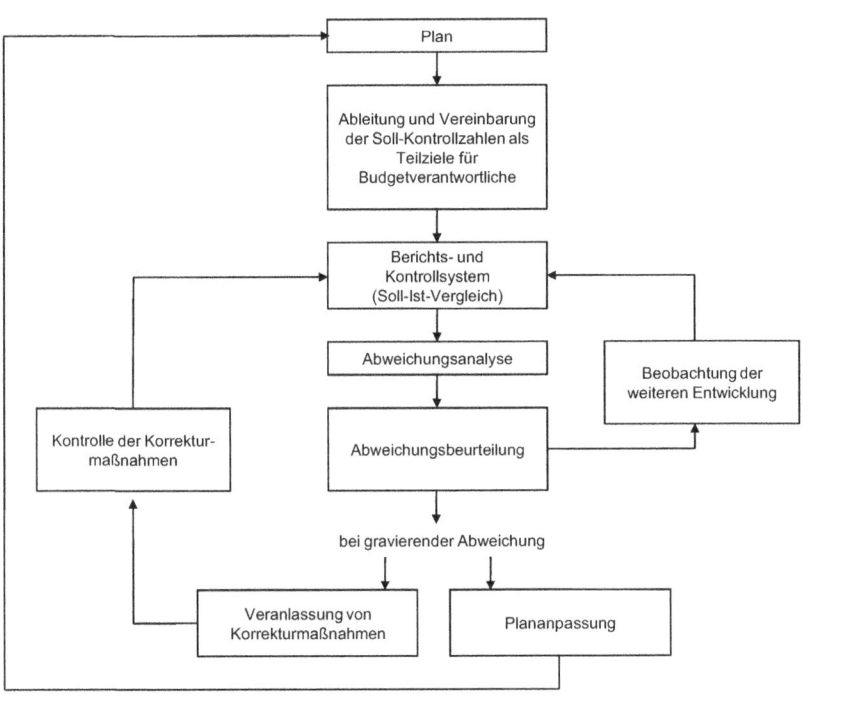

3.2.5.4   Qualitätsmanagementsystem

Das Qualitätsmanagementsystem umfasst die zur Realisierung des medizinbetrieblichen Qualitätsmanagements erforderlichen Strukturen, Verfahren und Mittel (vgl. DIN EN ISO 8402).

Die Umsetzung der vom dispositiven Faktor formulierten Absichten und Zielsetzungen zur Qualität (Qualitätspolitik) lässt sich systematisch mit genuin-medizinischen Zertifizierungsverfahren (z. B. KTQ, IQD, ProCumCERT) oder allgemeinen Qualitätsentwicklungs- (EFQM) und Zertifizierungssystemen (ISO EN DIN-Norm 9001) unterstützen, die als Komponenten eines medizinbetrieblichen Qualitätsmanagementsystems aufgefasst werden können.

Die Grundzüge eines branchenbezogenen Zertifizierungsverfahrens sollen am Beispiel des auf Krankenhäuser, Pflegeeinrichtungen, ambulante Pflegedienste, Hospize und alternative Wohnformen anwendbaren Zertifizierungsverfahrens KTQ®[13] erläutert werden. Das KTQ-Modell mit den sechs Kategorien beziehungsweise Themenbereichen Patientenorientierung, Mitarbeiterorientierung, Sicherheit, Informations- und Kommunikationswesen, Führung und Qualitätsmanagement ist die Form, mit der im KTQ-Verfahren sämtliche für die Darstellung der Patientenbedürfnisse wichtigen Prozesse im Medizinbetrieb beschrieben werden (Abb. 3.34). Diese Darstellung ist die Grundlage der Selbstbewertung und damit ein Kernstück des KTQ-Verfahrens, welches die Medizinbetriebe bei der Implementierung und stetigen Verbesserung ihres internen Qualitätsmanagements auf der Grundlage des Plan-Do-Check-Act–Zyklus unterstützt. Im Einzelnen umfasst das freiwillige KTQ-Bewertungsverfahren eine Selbstbewertung, die Anmeldung der Einrichtung zur Fremdbewertung bei einer der KTQ-Zertifizierungsstellen, die Überprüfung der Selbstbewertung durch ein KTQ-Visitorenteam (Fremdbewertung), die Zertifizierung und die verpflichtende Veröf-

---

[13] Die Kooperation für Transparenz und Qualität im Gesundheitswesen bzw. KTQ GmbH, Berlin, wird getragen von den Spitzenverbänden der Gesetzlichen Krankenkassen (GKV), der Bundesärztekammer (BÄK), der Deutschen Krankenhausgesellschaft (DKG), dem Deutschen Pflegerat (DPR) und dem Hartmannbund – Verband der Ärzte Deutschlands (HB). Die KTQ GmbH wurde am 17. Dezember 2001 mit dem Zweck, die Förderung des Gesundheitswesens, der Wissenschaft und der Forschung zu unterstützen. Die Gesellschaft in ihrer Funktion als Träger des KTQ-Zertifizierungsverfahrens verfolgt diesen Zweck im Sinne der Förderung des Qualitätsmanagements auf der Grundlage der geltenden gesetzlichen Bestimmungen, insbesondere durch die damit verbundenen drei Tätigkeitsfelder: Pflege und Weiterentwicklung der KTQ-Zertifizierungsverfahren, Akkreditierung der KTQ-Zertifizierungsstellen und Vergabe von Nutzungsrechten an der Marke KTQ® sowie die Durchführung des Visitorentrainings und die Akkreditierung der KTQ-Visitoren. Es gehört nicht zu den Aufgaben der KTQ GmbH, Zertifizierungen von Medizinbetrieben durchzuführen (www.ktq.de).

fentlichung des KTQ-Qualitätsberichts (KTQ, 2009). Insgesamt werden für die unterschiedlichen Verfahrensschritte vier Berichte erstellt: der KTQ-Selbstbewertungsbericht, der KTQ-Qualitätsbericht, der KTQ-Visitationsbericht und nach erfolgreicher Zertifizierung das Dokument KTQ-Zertifizierungsinhalte, welches die KTQ-Kriterien darstellt, die bei der Visitation überprüft wurden (KTQ, 2009).

Zum Qualitätsmanagementsystem zählen ferner *Critical Incident Reporting Systeme* zur Früherkennung medizinischer Risiken sowie die Organisation der Berichterstattung für die gesetzlich vorgeschriebenen *Qualitätsberichte* (z. B. für Krankenhäuser § 137 Abs. 1 Satz 3 Nr. 6 SGB V, für Pflegeheime § 80 SGB XI).

Abbildung 3.34:   *KTQ-Modell (KTQ, 2009), Seite 11*

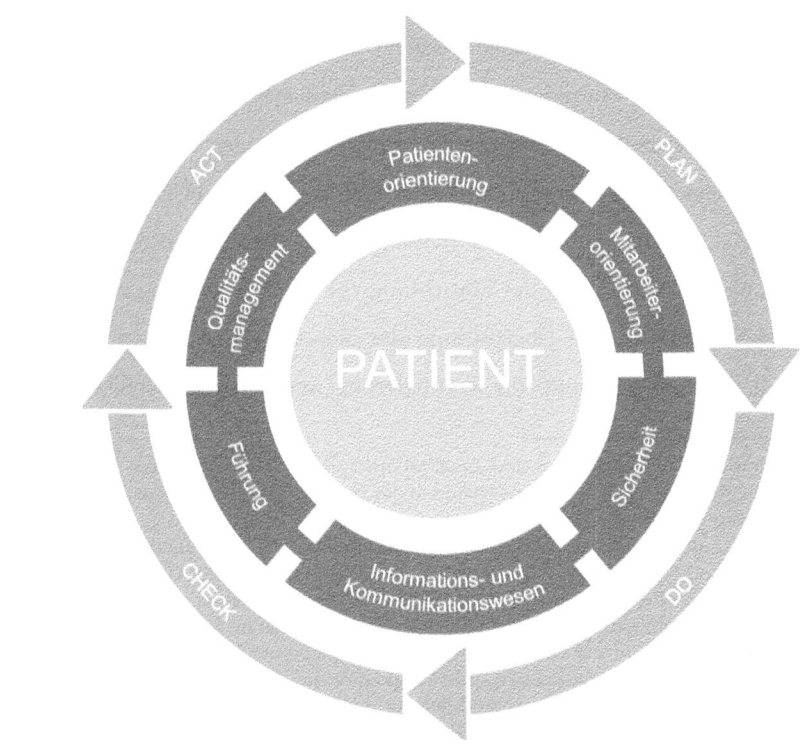

3.2.5.5 Risikomanagementsystem

Das medizinbetriebliche Risikomanagementsystem bildet den Rahmen für die Identifikation, Beurteilung und Bewältigung der auf einen Medizinbetrieb einwirkenden in- und externen Risiken. Es umfasst:[14]

- das interne Kontrollsystem,
- das Risikofrüherkennungs- und Risikoaufklärungssystem,
- die interne Revision.

Die Ausgestaltung des *internen Kontrollsystems* (IKS) orientiert sich an drei Zielen: der Sicherstellung der Verlässlichkeit der finanziellen Berichterstattung (Financial Reporting), der Gewährleistung der Wirksamkeit und der Effizienz der betrieblichen Abläufe (Operations) sowie der Einhaltung aller für den Medizinbetrieb geltenden Gesetze und Vorschriften (Compliance). Das IKS umfasst damit die Gesamtheit aller rechnungslegungsbezogenen und nicht rechnungslegungsbezogenen Regeln und Kontrollsysteme, die im Medizinbetrieb zur Erreichung dieser Ziele eingesetzt werden; dazu zählen beispielsweise Unterschriftenregelungen, Regelungen für Geld- und Finanzanlagen, Regelungen für die Abwicklung und Dokumentation von Bauvorhaben, Regelungen zur Archivierung und zur medizinischen Dokumentation. Das rechnungslegungsbezogene IKS ist regelmäßig Gegenstand der Jahresabschlussprüfung.

---

[14] Vgl. hierzu die Begründung des Referentenentwurfs zum Bilanzrechtsmodernisierungsgesetz (BilMoG).

Im Gegensatz zum internen Kontrollsystem bezieht sich das *Risikofrüherkennungs- und Risikoaufklärungssystem* auch auf Sachverhalte aus der medizinbetrieblichen Umwelt. Es umfasst neben der Identifikation, Analyse und Bewertung von Risiken auch die entsprechenden Maßnahmen zur Risikosteuerung, Risikoüberwachung und Risikoberichterstattung (Abb. 3.35). Unterschieden werden die gerichtete und die ungerichtete Risikoüberwachung.

Die gerichtete Risikoüberwachung (*Früherkennung*) verlangt eine Festlegung der relevanten Beobachtungsbereiche (z. B. den Liquiditätsstatus, die Personalbesetzung, die Auslastung der vorgehaltenen Angebotskapazitäten), die Bestimmung von Indikatoren je Beobachtungsbereich (hier die Liquidität, die Anzahl der Vollkräfte/Dienstart, die behandelten Fälle), die Festlegung von Sollgrößen und Toleranzgrenzen je Indikator und eine laufende Auswertung dieser Frühwarninformationen (Abb. 3.36).

Demgegenüber will die ungerichtete Risikobeobachtung (*Frühaufklärung*) insbesondere dem Eintritt strategischer Überraschungen durch eine Ortung „schwacher Signale" vorbeugen. *Schwache Signale* wie etwa die plötzliche Häufung gleichartiger Ereignisse, die wiederholte, sich argumentativ verfestigende Thematisierung neuer Ideen und Initiativen in den Medien, Tendenzen in der Rechtsprechung oder die Ansichten sogenannter Opinion Leaders, kündigen nach Ansoff (1999) Diskontinuitäten in der medizinbetrieblichen Umwelt an. Diese gilt es durch eine 360-Grad-Umweltbeobachtung (auch 360-Grad-Radar) frühzeitig zu orten, um gegebenenfalls rechtzeitig entsprechende Reaktionsstrategien einleiten zu können. Aus Praktikabilitätsgründen konzentriert man sich jedoch auch bei der Frühaufklärung auf ausgewählte, insbesondere für bestands- und entwicklungsgefährdende Risiken relevante Beobachtungsbereiche (z. B. Konkurrenzsituation im regionalen Umfeld, demografische Veränderungen, Tarifentwicklung, Geld- und Kapitalmarkt, Arbeitsmarkt), zu denen die entsprechenden Informationsquellen (Medien, Internetwebseiten, Referatedienste usw.) definiert und für deren stetige Beobachtung personale Verantwortlichkeiten festgelegt werden. Erkannte Risiken werden abhängig von ihrer Schadensfolge der Betriebsleitung angezeigt und regelmäßig in einem Risikobericht zusammengefasst.

Abbildung 3.35: *Organisation des Risikomanagements im Medizinbetrieb in Anlehnung an Brugger (2008)*

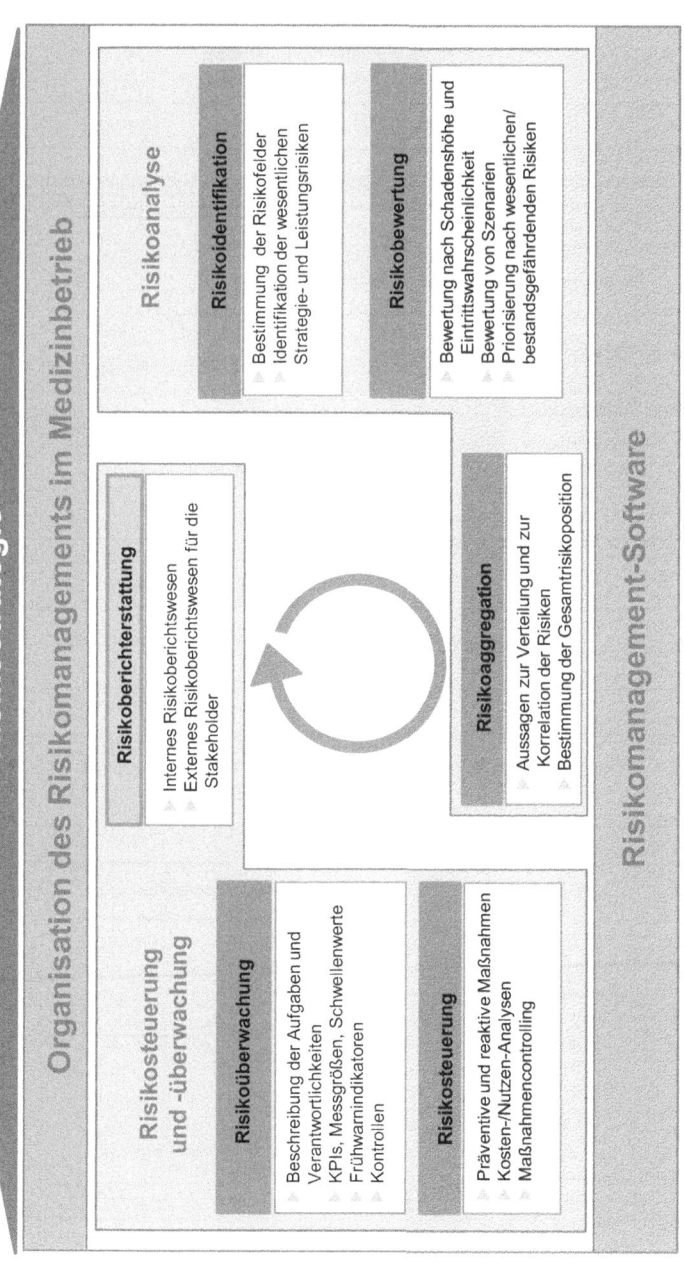

Abbildung 3.36:   Früherkennung: Gerichtete Beobachtung von Gefährdungen und Chancen

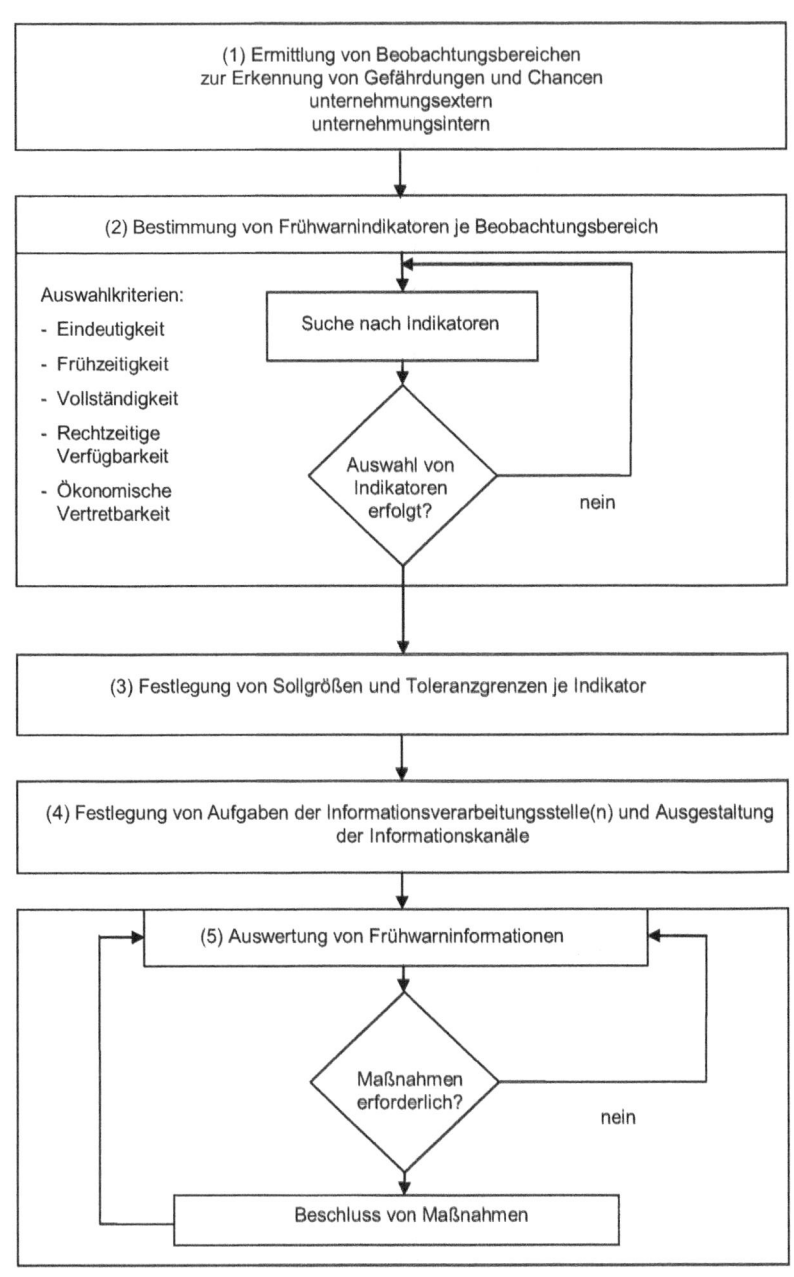

Die *interne Revision* stellt einen Teil des unternehmensinternen Überwachungsprozesses dar und ist demzufolge als Bestandteil des internen Risikomanagementsystems zu sehen. Die interne Revision unterstützt das Leitungsorgan dabei, seine Steuerungsaufgaben wahrzunehmen, indem sie prozessunabhängige und objektive Prüfungs- und Beratungsdienstleistungen erbringt. Die interne Revision prüft zum einen, ob die internen medizinbetrieblichen Regelungen und Arbeitsanweisungen sowie die einschlägigen gesetzlichen Normen und Verordnungen im Alltagshandeln eingehalten werden (Ordnungsmäßigkeitsprüfung). Zum anderen wird geprüft, ob die internen Arbeitsanweisungen, Regelungen und Normen den Betriebszielen entsprechen und der jeweilige Prozess zweckmäßig und wirtschaftlich ablaufen kann (Wirtschaftlichkeits- oder Zweckmäßigkeitsprüfung). Unterschieden werden Regelprüfungen nach einem vereinbarten Standardprüfplan und vom Leitungs- oder Überwachungsorgan beauftragte Sondereinzelprüfungen. Der Prüfungsplan der internen Revision wird auf der Grundlage eines risikoorientierten und standardisierten Planungsprozesses erstellt. Prüfungsgegenstände im Sinne der Corporate Governance sind unter anderem die Einhaltung von Antikorruptionsrichtlinien, die Sicherheit von Kapitalanlagen, die Angemessenheit des Versicherungsschutzes und die Einhaltung von Wirtschaftsplänen. Art und Umfang der Prüfungshandlungen und -ergebnisse werden einheitlich, sachgerecht und ordnungsgemäß dokumentiert. Mittels eines etablierten Nachverfolgungs- (Follow-up-)Prozesses wird die Umsetzung der in den Prüfberichten empfohlenen Maßnahmen von der internen Revision überwacht.

Externe Revisionen erfolgen regelmäßig im Rahmen der Prüfung des Jahresabschlusses durch eine vom Vorsitzenden des Überwachungsorgans beauftragte Wirtschaftsprüfungsgesellschaft oder zum Beispiel im Rahmen einer Qualitäts- oder Umweltzertifizierung durch akkreditierte Visitoren.

3.2.5.6 Sicherheitsmanagementsystem

Das Sicherheitsmanagementsystem umfasst die zur Umsetzung der einschlägigen gesetzlichen und einzelbetrieblichen Vorgaben erforderlichen Strukturen, Verfahren und Mittel.

Von Medizinbetrieben zu gewährleisten sind insbesondere

- die *Umweltsicherheit* (z. B. Umweltschutzgesetz, Abfallgesetz),

- die *Betriebssicherheit* (Arbeitsschutzgesetz, Arbeitssicherheitsgesetz, Arbeitsmittelbenutzungsverordnung, Arbeitsstättenverordnung, Betriebssicherheitsverordnung, Brand- und Katastrophenschutzgesetz, Unfallverhütungsvorschriften der gewerblichen Berufsgenossenschaft (VBG)),

- die *Gerätesicherheit* (Eichgesetz/Eichordnung, Gesetz über elektromagnetische Verträglichkeit, Medizinproduktegesetz, Röntgenverordnung, Strahlenschutzgesetz/-verordnung),

- die *Patientensicherheit* (Arzneimittelgesetz, Hygienegesetz, Infektionsschutzgesetz, Transfusionsgesetz, Datenschutzgesetze, Standards zur Qualitätssicherung),

- der *Personenschutz* (Schutz vor Eigen- und Fremdgefährdung),

- die *Hilfeleistung im Katastrophenfall* (Massenanfall von Verletzten – MANV-Plan).

Dies erfolgt institutionell durch Bestellung gesetzlich festgelegter interner oder externer Beauftragter durch das Leitungsorgan (z. B. Hygienebeauftragter, Strahlenschutzbeauftragter, Datenschutzbeauftragter), verfahrensbezogen durch Festlegung von Verantwortlichkeiten und prozessualen Regelungen (z. B. definierte Berichtswege, vorgeschriebene Prüfungen) und instrumentell durch Audits, Begehungen, Befragungen, Gefährdungsbeurteilungen, Prüfungen und Konferenzen sowie die zeitnahe Aufarbeitung besonderer Vorkommnisse. Inhaltlich ergeben sich Schnittstellen und Überschneidungsbereiche zum Qualitätsmanagement- und Risikomanagementsystem.

3.2.5.7 Humanführungssystem

Das Humanführungssystem materialisiert die einzelbetrieblichen Vorgaben zur Personalführung, Patientenführung und Angehörigenarbeit.

Damit angesprochen sind die andernorts (Seelos, 2007a; 2008b) ausführlich beschriebenen (biophilen) Führungsmodelle und Führungsinstrumente, auf die an dieser Stelle verwiesen werden kann.

4 Gesundheitsleistungsproduktion

Produktionswirtschaftlich betrachtet qualifizieren sich Medizinbetriebe als

- *Auftragsfertiger*, weil Gesundheitsleistungen nicht auf Vorrat produziert werden können (Uno-actu-Prinzip),

- *Einzelleistungsfertiger*, weil der einzelne Patient mit seinen individuellen Gesundheitsproblemen, die entsprechende Leistungsbereitschaft des Medizinbetriebes vorausgesetzt, Zeitpunkt, Art, Menge und Ort der konkret zu erbringenden Gesundheitsleistung bestimmt,

- *Mehrproduktfertiger*, wegen der Variabilität der biologischen und soziodemografischen Merkmale des Patienten oder der Individualität der „Fertigungsaufträge",

- *Durchfahrbetriebe*, weil sie jederzeit in der Lage sein müssen, unter Beachtung der jeweiligen medizinischen Prioritäten die nachgefragten Gesundheitsleistungen zu erbringen.

Der Prozess der Gesundheitsleistungsproduktion, der prozessual als Wertkette (Absatz 3.2.4.4) und betriebswirtschaftlich als *Faktorkombination* interpretiert werden kann, wird durch die vom dispositiven Faktor ausgeübten Managementprozesse mediiert und, ebenso wie die Resultate der medizinbetrieblichen Wertschöpfung, durch generische Ordnungsmomente moderiert. Zwischen den Ordnungsmomenten und den medizinbetrieblichen Prozessen besteht ein zirkulärer Wirkungszusammenhang, weil die Ordnungsmomente (im Sinne von Wirkfaktoren zur Komplexitätsbewältigung) sowohl zur Strukturierung und Routinisierung des medizinbetrieblichen Alltagsgeschehens beitragen als auch Resultate dieses organisationalen Alltagsgeschehens sind (Abb. 4.1).

Abbildung 4.1: *Zirkuläre Kausalität: Wirkungszusammenhang von Ordnungsmomenten und medizinbetrieblichen Prozessen; mod. nach Rüegg-Stürm (2003), Seite 79*

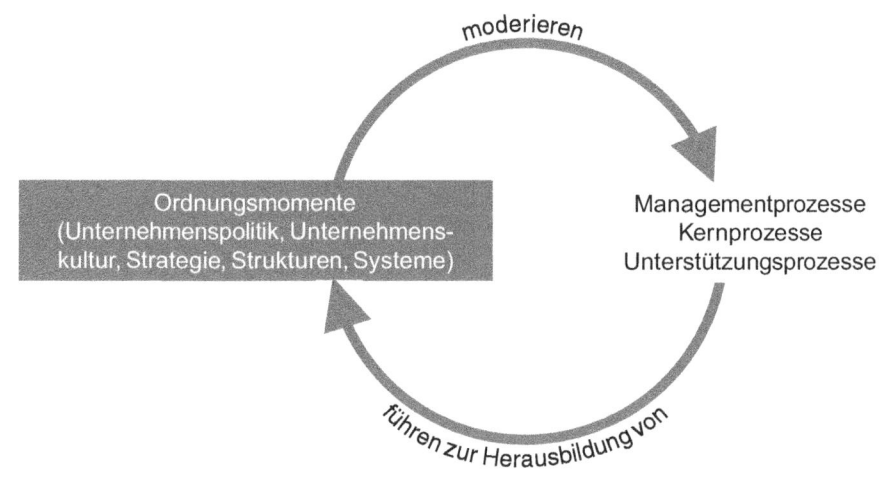

4.1   Gestaltungsvorgaben[15]

Neben dem auch für andere Branchen geltenden ökonomischen Prinzip hat der dispositive Faktor beim medizinbetrieblichen Wertschöpfungsprozess (Gesundheitsleistungsproduktion) eine Vielzahl weiterer Gestaltungsvorgaben zu berücksichtigen (Abb. 4.2).

---

[15]   Aktualisierte Erstveröffentlichung aus Seelos (2004a) Gestaltungsvorgaben für die Gesundheitsleistungsproduktion. J Public Health 12: 365-370; DOI 10.1007/s10389-004-0067-9. Mit freundlicher Genehmigung von Springer Science and Business Media.

Diese Gestaltungsvorgaben sind infolge der Diskontinuität und Dynamik der medizinbetrieblichen Umwelt und der Fortentwicklung der Medizinwissenschaft zeitlich nicht invariant. Die Leistungserbringer müssen die jeweils für sie gültigen einzelbetrieblichen und überbetrieblichen Gestaltungsvorgaben kennen. Dies verlangt unter anderem eine stete Information und Fortbildung der Beschäftigten.

Abbildung 4.2:   *Gestaltungsvorgaben für den dispositiven Faktor*

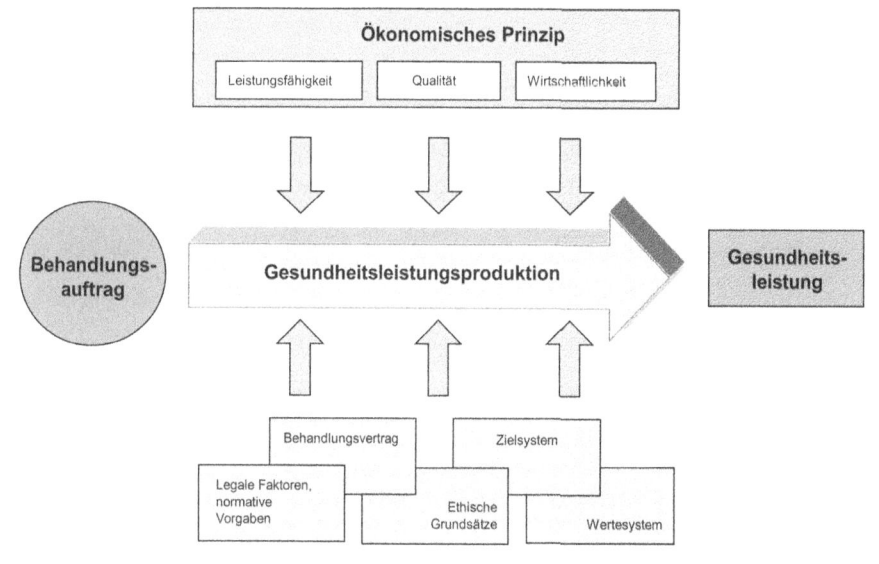

4.1.1   Ökonomisches Prinzip

Die Produktion von Gesundheitsleistungen konkurriert naturgemäß mit anderen gesellschaftlichen Bereichen um volkswirtschaftliche Ressourcen. Gestaltungsvorgaben für den dispositiven Faktor sind in dieser Perspektive die auch im Sozialversicherungsrecht (§§ 12 Abs. 1, 70 Abs. 1, 72 Abs. 2 SGB V; §§ 29 Abs. 1, 80 Abs. 2 SGB XI), im Krankenhausentgeltgesetz (§ 2 Abs. 2 KHEntgG) und in der Bundespflegesatzverordnung (§ 2 Abs. 2 BPflV) kodifizierten allgemein-formalen Wirtschaftsgrundsätze von Leistungsfähigkeit, Qualität und Wirtschaftlichkeit, die gleichermaßen auch zur Bewertung der Gesundheitsleistungsproduktion heranzuziehen sind.

4.1.1.1 Leistungsfähigkeit

Leistungsfähigkeit der Gesundheitsleistungsproduktion bezeichnet nach Eichhorn (1979)

- den Grad der Erreichung des individuellen (diagnostischen, therapeutischen, pflegerischen) Behandlungsziels (Behandlungsergebnis, ausgedrückt durch die Veränderung des Gesundheitszustandes des Patienten) und

- die Angemessenheit von Art (Relevanz), Umfang und zeitlicher Abfolge (Prozessdesign) der im Bereich von Diagnostik, Therapie, Pflege und gegebenenfalls Hotelversorgung erbrachten Einzelleistungen zur Erreichung des individuellen Behandlungsziels (Leistungsadäquanz des Faktorkombinationsprozesses).

Da ein Medizinbetrieb im Hinblick auf weder vorhersehbare noch disponierbare Inanspruchnahmen im Rahmen seines Leistungsauftrages stets leistungsbereit sein muss, findet die medizinbetriebliche Leistungsfähigkeit ferner ihren Ausdruck in der Angemessenheit von Art und Umfang der zur Erzielung der definierten Leistungsbereitschaft vorgehaltenen personellen und sachlichen Ressourcen (Leistungsbereitschaft und Produktionselastizität).

4.1.1.2 Qualität

Die Qualität der Gesundheitsleistungsproduktion, präziser die *Ergebnisqualität*, beschreibt die dem medizinischen Handeln zuschreibbaren Veränderungen des Gesundheitszustands des Patienten oder der Bevölkerungsgruppen einschließlich der von diesen Veränderungen ausgehenden Wirkungen (Selbmann, 1990). Nach der von Donabedian (1974) eingeführten Trilogie der Qualitätssicherung in der medizinischen Versorgung ist für die Ergebnisqualität die Struktur- und Prozessqualität der Gesundheitsleistungsproduktion maßgeblich.

Strukturqualität beschreibt die Rahmenbedingungen, die für die Gesundheitsleistungsproduktion im Einzelfall gegeben sind. Sie umfasst die relativ stabilen Eigenschaften der eingesetzten personellen und materiellen Ressourcen, zum Beispiel den Ausbildungsstand der behandelnden Ärzte, ihre Arbeitsmittel sowie die organisatorischen und finanziellen Gegebenheiten unter denen sich der Faktorkombinationsprozess vollzieht (Selbmann, 1990).

Prozessqualität beschreibt die Eigenschaften des Prozesses der Faktorkombination. Sie bezieht sich auf das Merkmalsbündel „Behandlungsablauf" als die Gesamtheit aller Aktivitäten, die zwischen den Ärzten, dem sonstigen Personal (vor allem im Pflege- und Funktionsbereich), den medizinbetrieblichen Leistungsstellen und dem Patienten ablaufen (Selbmann, 1990). Dabei geht man von der Annahme aus, dass mit einem den anerkannten Regeln der medizinischen Wissenschaft sowie den Erfahrungen der ärztlichen Berufspraxis entsprechenden Behandlungsprozess Qualität erzielt werden kann, mithin die Qualität der Medizin gut ist.

Dem Ansatz der *evidenzbasierten Medizin* folgend wurden für das Prozessmanagement einzelner Gesundheitsprobleme in den letzten Jahren Handlungsanleitungen erarbeitet, die der Leistungserbringer bei der Faktorkombination beachten sollte (*Leitlinien*) oder muss (*Richtlinien*). Letzteres gilt selbstverständlich auch für alle übrigen Maßnahmen des Qualitätsmanagements, die darauf abzielen, die Qualität der produzierten Gesundheitsleistung zu sichern oder zu verbessern; zum Beispiel Mindestanforderungen an die Strukturqualität, Mindestmengenregelungen, gesetzlich vorgeschriebene Qualitätsberichte (§ 137 SGB V, § 80 SGB XI), Zertifizierungen.

4.1.1.3 Wirtschaftlichkeit

Unter dispositivem Aspekt stellt die Gesundheitsleistungsproduktion eine Optimierungsaufgabe dar, welche die Suche nach dem teleologisch optimalen Einsatz der Produktionsfaktoren zum Inhalt hat. Ausgehend von den auch für die Produktion von Gesundheitsleistungen geltenden allgemein-formalen Wirtschaftsgrundsätzen gilt diejenige Kombination von Produktionsfaktoren als optimal (effizient), mit der ein definierter Output bei minimalem Faktoreinsatz (*Minimalprinzip* bei mikroökonomischer Sichtweise) oder, alternativ, mit der ein größtmöglicher Output bei definiertem Faktoreinsatz (*Maximalprinzip* bei makroökonomischer Sichtweise) erzielt werden kann (Breyer u. Zweifel, 1996). Ob ein Medizinbetrieb wirtschaftlich arbeitet oder nicht, richtet sich nach dem im Sozialgesetzbuch (§§ 12 Abs. 1, 70 Abs. 1, 72 Abs. 2 SGB V; § 29 Abs. 1 SGB XI) und im Krankenhausrecht (§§ 1 Abs. 1 KHG; 2 Abs. 2 BPflV, 2 Abs. 2 KHEntgG) kodifizierten *Wirtschaftlichkeitsgebot* im Wesentlichen danach, ob es ihm gelingt, die angestrebte Gesundheitsleistung mit dem geringstmöglichen Mitteleinsatz zu erreichen. Exemplarisch werden zitiert:

„Die Krankenkassen und die Leistungserbringer haben eine bedarfsgerechte und gleichmäßige, dem allgemein anerkannten Stand der medizinischen Erkenntnisse entsprechende Versorgung der Versicherten zu gewährleisten. Die Versorgung der Versicherten muss ausreichend und zweckmäßig sein, darf das Maß des Notwendigen nicht überschreiten und muss in der fachlich gebotenen Qualität sowie wirtschaftlich erbracht werden" (§ 70 Abs. 1 SGB V).

„Allgemeine Krankenhausleistungen sind Krankenhausleistungen, die unter Berücksichtigung der Leistungsfähigkeit des Krankenhauses im Einzelfall nach Art und Schwere der Krankheit für die medizinisch zweckmäßige und ausreichende Versorgung des Patienten notwendig sind..." (§ 1 Abs. 2 KHEntgG).

„Die Leistungen müssen wirksam und wirtschaftlich sein; sie dürfen das Maß des Notwendigen nicht übersteigen. Leistungen, die diese Voraussetzungen nicht erfüllen, können Pflegebedürftige nicht beanspruchen, dürfen die Pflegekassen nicht bewilligen und dürfen die Leistungserbringer nicht zu Lasten der sozialen Pflegeversicherung bewirken" (§ 29 Abs. 1 SGB XI).

Wirtschaftlichkeit der Gesundheitsleistungsproduktion definiert sich von daher (und unter Verweis auf die in §§ 106 Abs. 1, 2a und 113 Abs. 1 ff. SGB V und § 79 Abs. 1 SGB XI normierten Kriterien für die Wirtschaftlichkeits- und Abrechnungsprüfung der ambulanten und stationären Versorgung) über die

- Angemessenheit der verursachten Kosten zur Erzielung der definierten Leistungsbereitschaft (Vorkombination) und über die
- Mitteladäquanz des Kombinationsprozesses oder der dadurch verursachten Kosten zur Erreichung des (diagnostischen, therapeutischen, pflegerischen) Behandlungsziels (Endkombination).

4.1.2   Legale Faktoren und normative Vorgaben

In die Gesundheitsleistungsproduktion gehen zahlreiche allgemeine und bereichsspezifische legale Faktoren und normative Vorgaben ein, welche auf die Spezifikation und Kombination der übrigen Produktionsfaktoren Einfluss nehmen, um Schaden von Patienten, Angehörigen, Beschäftigten und der Umwelt abzuwenden.

Als einschlägig können (ohne Anspruch auf Vollständigkeit) die in Tabelle 4.1 benannten Vorgaben angeführt werden.

Tabelle 4.1:	*Allgemeine und bereichsspezifische normative Vorgaben für die Gesundheitsleistungsproduktion*

- Abfallgesetz
- Ärztliche Berufsordnung
- Arbeitsmittelbenutzungsverordnung
- Arbeitsschutzgesetz
- Arbeitssicherheitsgesetz
- Arbeitsstättenverordnung/Arbeitsstättenrichtlinien
- Arbeitszeitgesetz
- Arzneimittelgesetz
- Berufskrankheitenverordnung
- Betäubungsmittelgesetz
- Betriebssicherheitsverordnung
- Betriebsverfassungsgesetz
- Bildschirmarbeitsverordnung
- Biostoffverordnung
- Brand- und Katastrophenschutzgesetz
- Chemikaliengesetz
- Datenschutzgesetze
- Eichgesetz/Eichordnung
- Gefahrstoffverordnung
- Gesetz über die elektromagnetische Verträglichkeit
- Hygienegesetz
- Infektionsschutzgesetz
- Jugendarbeitsschutzgesetz
- Kreislaufwirtschafts- und Abfallbeseitigungsgesetz
- Lastenhandhabungsverordnung
- Medizinproduktegesetz-Betreiberverordnung
- Mutterschutzgesetz
- Personalvertretungsgesetz
- Psychiatriepersonalverordnung

- Regelung über die Herstellung von Zytostatika
- Röntgenverordnung
- Standards zur Qualitätssicherung
- Strahlenschutzgesetz/-verordnung
- Tarifvertragliche Vereinbarungen
- Transfusionsgesetz
- Transplantationsgesetz
- Technische Regeln für biologische Arbeitsstoffe (TRBA)
- Technische Regeln für Gefahrstoffe (TRGS)
- Umweltschutzgesetz
- Unfallverhütungsvorschriften der gewerblichen Berufsgenossenschaft (VBG)
- Verordnung zur arbeitsmedizinischen Vorsorge

Für die Gestaltung pflegerischer Leistungen ergeben sich einschlägige Vorgaben aus dem Heimgesetz in Verbindung mit der Heimpersonalverordnung, Heimsicherungsverordnung, Heimmindestbauverordnung, Heimmitwirkungsverordnung, dem Pflegequalitätssicherungsgesetz (§§ 79–121 SGB XI) und dem Rahmenvertrag nach § 75 SGB XI. Relevant sind ferner die mit den Kostenträgern getroffenen Leistungs- und Budgetvereinbarungen (im Krankenhausbereich: Pflegesatz- und Entgeltvereinbarung; im Heimbereich: Leistungs- und Qualitätsvereinbarung, Prüfungs- und Vergütungsvereinbarung).

4.1.3 Handlungspflichten aus dem Behandlungsvertrag

Der medizinische Behandlungsvertrag ist ein Dienstvertrag im Sinne des § 611 BGB, der bei Inanspruchnahme ambulanter Leistungen als *Arztvertrag* und bei teilstationärer oder stationärer Behandlung als *Krankenhausaufnahmevertrag* zwischen Patient und Leistungserbringer abgeschlossen wird. Neben der aus dem Behandlungsvertrag folgenden Behandlungspflicht (einschließlich der ärztlichen Nachsorge- und Kontrollpflicht) obliegen dem jeweiligen Vertragspartner des Patienten (niedergelassener Arzt,

Krankenhausträger, liquidationsberechtigter Arzt) eine Reihe vertraglicher Nebenpflichten, die es bei der Gesundheitsleistungsproduktion zu beachten gilt (dazu ausführlich Seelos (2008b)):

- Grundsatz der persönlichen Leistungserbringung,

- Dignität der Leistungserbringung,

- Ärztliche Aufklärungspflicht,

- Wahrung des Patientengeheimnisses,

- Ärztliche Dokumentationspflicht,

- Pflicht zur Ausstellung ärztlicher Bescheinigungen,

- Schutz- und Fürsorgepflichten,

- Haftpflicht.

Für Heimbewohner ergeben sich vertragliche Nebenpflichten aus dem mit dem Träger der Pflegeeinrichtung abgeschlossenen *Heimvertrag*.

4.1.4 Ethische Grundsätze

Neben den allgemein-formalen Wirtschaftsgrundsätzen von Leistungsfähigkeit, Qualität und Wirtschaftlichkeit verpflichtet der biophile Charakter der Gesundheitsleistungsproduktion die Leistungserbringer und die Krankenkassen, durch geeignete Maßnahmen auf eine *humane Medizin* (Krankenbehandlung) ihrer Versicherten hinzuwirken (§ 70 Abs. 2 SGB V).

Insbesondere haben Prävention, Behandlung, Pflege und Rehabilitation die Würde und Integrität des Patienten zu achten, sein Selbstbestimmungsrecht und sein Recht auf Privatheit zu respektieren (ärztliche (Muster-)Berufsordnung, Teil C Verhaltensregeln Nr. 1 Umgang mit Patienten).

Bei speziellen medizinischen Maßnahmen oder Verfahren, die ethische Probleme aufwerfen und zu denen die Ärztekammern Empfehlungen zur Indikationsstellung und zur Ausübung festgelegt haben, hat der Arzt diese Empfehlungen zu beachten (§ 13 MBO-Ä). Ferner muss er sich vor der Durchführung biomedizinischer Forschung am Menschen – ausgenommen bei ausschließlich epidemiologischen Forschungsvorhaben – durch eine bei der Ärztekammer oder bei einer medizinischen Fakultät gebildeten *Ethik-Kommission* über die mit seinem Vorhaben verbundenen berufsethischen und berufsrechtlichen Fragen beraten lassen. Dasselbe gilt vor der Durchführung gesetzlich zugelassener Forschung mit vitalen menschlichen Gameten und lebendem embryonalen Gewebe (§ 15 MBO-Ä). Besondere ethische Fragen ergeben sich nicht nur bei der medizinischen Forschung und der Anwendung medizinisch-technischer Verfahren am Menschen, sondern auch bei der Fortpflanzungsmedizin, der Organtransplantation, der genetischen Diagnostik und Gentherapie und der ärztlichen Sterbebegleitung.

4.1.5 Wertesystem

Handeln und Entscheiden im Medizinbetrieb sollte nicht nur strategie-, sondern auch kulturkompatibel sein. Wie Tabelle 4.2 andeutet, korrespondieren die *Leitwerte* medizinbetrieblicher Wertesysteme mit den Kategorien allgemeiner Qualitätsmanagement-(©EFQM-Modell) oder einschlägiger Qualitätsbewertungssysteme (KTQ®). Dabei kommt den beiden für Medizinbetriebe essenziellen biophilen Handlungsmaximen Patienten- und Mitarbeiterorientierung eine besondere Bedeutung zu.

Tabelle 4.2:   *Leitwerte medizinbetrieblicher Wertesysteme (Seelos, 2006a), Seite 118;*
Abdruck mit Genehmigung von Georg Thieme Verlag KG, Stuttgart.

Werte	Bezug (©EFQM, KTQ®)
Medizinbetriebsorientierung	Politik und Strategie (EFQM)
Patientenorientierung	Kundenzufriedenheit (EFQM), Patientenorientierung (KTQ)
Mitarbeiterorientierung	Mitarbeiterorientierung (EFQM, KTQ), Mitarbeiterzufriedenheit (EFQM)
Prozessorientierung	Prozesse (EFQM), Sicherheit (KTQ)
Lernorientierung	Mitarbeiterorientierung (EFQM, KTQ)
Orientierung am ökon. Prinzip	Geschäftsergebnisse (EFQM)
Qualitätsorientierung	Qualitätsmanagement (KTQ)
Innovationsorientierung	Politik und Strategie (EFQM)
Umweltorientierung	Gesellschaftliche Verantwortung/ Image (EFQM)
Ressourcenorientierung	Ressourcen (EFQM)
Zielorientierung	Führung (EFQM, KTQ)
Ethikorientierung	Ethik-Kodes
Gesundheitsorientierung	(vgl. *WHO* 2004)

4.2   Faktorkombination

Gesundheitsleistungsproduktion ist, betriebswirtschaftlich ausgedrückt, die sich in Medizinbetrieben vollziehende, durch Menschen veranlasste und gelenkte Kombination interner und externer Produktionsfaktoren mit dem Ziel der Erbringung von Gesundheitsleistungen zur unmittelbaren Befriedigung eines individuellen oder kollektiven Bedarfs. Sie umfasst, wie in Abbildung 4.3 schematisch dargestellt, nicht nur die Erstellung einer konkreten Gesundheitsleistung (*Endkombination*), sondern auch die Herstellung und Vorhaltung einer nach dem medizinbetrieblichen Leistungsauftrag definierten Leistungsbereitschaft (*Vorkombination*).

Abbildung 4.3:   *Produktionssystem der Gesundheitsleistungsproduktion*

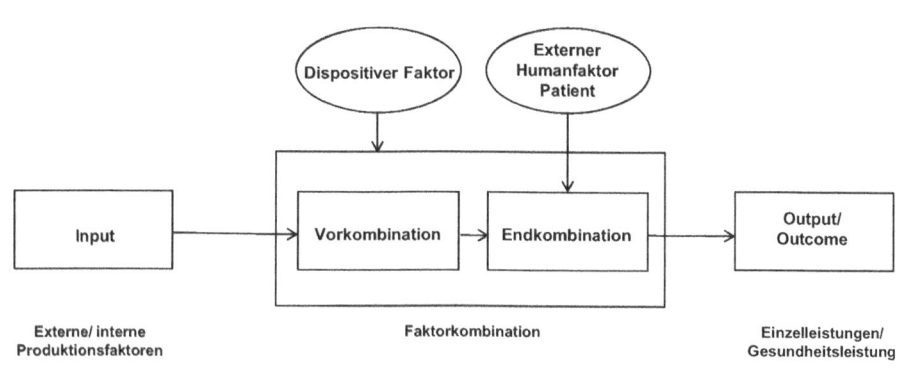

Input für diesen Faktorkombinationsprozess sind materielle und immaterielle ökonomische Güter (*Produktionsfaktoren*), die mit einem branchenspezifischen Faktorsystem erklärt werden können. Konkret determiniert wird die medizinbetriebliche Faktorkombination durch die im Einzelfall gegebene Ausprägung und Zusammensetzung der Produktionsfaktoren oder durch betriebsbezogene ökonomische, organisatorische, rechtliche und patientenbezogene Kategorien.

Die funktionalen Zusammenhänge zwischen den Einsatzmengen der Produktionsfaktoren und den geforderten Leistungsmengen finden ihren Ausdruck in der *Produktionsfunktion*. Typisch für die Gesundheitsleistungsproduktion ist zum einen das „*Uno-actu-Prinzip*", das eine Zweistufigkeit der Gesundheitsleistungsproduktion zur Folge hat (Vor-, Endkombination); zum anderen qualifiziert der „Patient" als externer Humanfaktor die *konstitutiven Merkmale* der Gesundheitsleistungsproduktion.

4.2.1 Produktionsfaktoren

Bezeichnen Produktionsfaktoren diejenigen materiellen und immateriellen Güter, die beim Prozess der medizinbetrieblichen Faktorkombination kombiniert werden, um die angestrebte Gesundheitsleistung zu realisieren, dann lässt sich die Gesundheitsleistungsproduktion mit einem branchenspezifischen *Faktorsystem* erklären (Tab. 4.3).

Tabelle 4.3:   *Branchenspezifisches Faktorsystem der Gesundheitsleistungsproduktion (Seelos, 1993a), Seite 642*

Produktionsfaktoren der Gesundheitsleistungsproduktion					
Interne Faktoren	Dispositiver Faktor		originär		Betriebliche Entscheidungsinstanzen
			derivativ		Planung, Organisation, Kontrolle
	Elementarfaktoren	Verbrauchsfaktoren			Betriebs-, Hilfsstoffe, Rohstoffe
		Potenzialfaktoren	materiell		Betriebsmittel objektbezogene Arbeitsleistungen natürliche Umwelt
			immateriell	Real-faktoren	Informationen, Rechte auf materielle u. immaterielle Güter, Dienstleistungen Dritter, Legale Faktoren
				Nominal-faktoren	Geld, Darlehenswerte Beteiligungswerte
Externe Faktoren			materiell		Untersuchungsgut
			immateriell		Informationen Rechte auf materielle u. immaterielle Güter
		Humanfaktor			Patient Auszubildende(r)

Das in Tabelle 4.3 dargestellte Faktorsystem der Gesundheitsleistungsproduktion unterscheidet auf der ersten Stufe

- Produktionsfaktoren, über welche der Medizinbetrieb als Wirtschaftssubjekt autonom disponieren kann (interne Produktionsfaktoren) und

- Produktionsfaktoren, die aus der medizinbetrieblichen Umwelt in den Produktionsprozess gelangen, aber vom Medizinbetrieb nicht selbst disponierbar sind (externe Produktionsfaktoren).

Die *internen Faktoren* gliedern sich in die Teilklassen dispositive Faktoren (als die für die Planung, Organisation und Kontrolle der Faktorkombination verantwortlichen medizinbetrieblichen Entscheidungsinstanzen) und Elementarfaktoren, wobei letztere wiederum in Verbrauchs- und Potenzialfaktoren differenziert werden können.

Verbrauchsfaktoren repräsentieren die bei der Gesundheitsleistungsproduktion nach einmaligem Einsatz verbrauchten Güter, also Betriebs- und Hilfsstoffe (z. B. Energie und Rohstoffe). Sie stellen keine selbstständigen Absatzobjekte dar und dienen ausschließlich der Produktion von Sachgütern (z. B. Medikamente, Diäten), die wiederum als derivative Faktoren in den Prozess der Gesundheitsleistungsproduktion eingehen.

Da *Potenzialfaktoren* einen materiellen oder immateriellen Charakter aufweisen können, lassen sich neben den materiellen Potenzialfaktoren Betriebsmittel (Einrichtung und Ausstattung, Immobilien einschließlich Gebäudetechnik, medizintechnische Anlagegüter, Informatik), objektbezogene Arbeitsleistungen und ökologische Faktoren, als die von der natürlichen Umwelt bereitgestellten Produktionsfaktoren, Real- und Nominalfaktoren als immaterielle Potenzialfaktoren unterscheiden.

Als *Realfaktoren* sind zu qualifizieren:

- Informationen über Produktionsfaktoren,

- Berechtigungen, Befugnisse oder Ansprüche, die einer natürlichen oder juristischen Person durch Rechtsordnung zuerkannt werden,

- Dienstleistungen Dritter im Sinne derivativer Produktionsfaktoren,

- legale Faktoren, welche die Gestaltungsfreiheit des dispositiven Faktors im Sinne gesetzlicher Vorgaben und Verordnungen determinieren.

Geld, Darlehens- und Beteiligungswerte sind *Nominalfaktoren* und werden definitionsgemäß den immateriellen Potenzialfaktoren zugerechnet.

Potenzialfaktoren können aber auch externe Faktoren sein; zum Beispiel:

- biologisches Untersuchungsgut,

- der am Produktionsprozess passiv beteiligte (z. B. als bewusstloser Patient) oder aktiv mitwirkende (so z. B. die Schilderung des aktuellen Beschwerdebildes im Rahmen der Anamnese oder die Ausführung therapeutischer Anweisungen) Patient als externer *Humanfaktor* und

- Auszubildende (Gesundheitsfachberufe) bezüglich der Produktion medizinbetrieblicher Leistungen im Bereich Forschung und Lehre.

4.2.2   Produktionsfunktion

Bei der medizinbetrieblichen Leistungserstellung bestehen zwischen den Einsatzmengen an Produktionsfaktoren und den Leistungsmengen funktionale Zusammenhänge dergestalt, dass eine geforderte Leistungsmenge den Einsatz bestimmter Mengen von Produktionsfaktoren voraussetzt. Diese funktionalen Zusammenhänge finden ihren Ausdruck in der Produktionsfunktion, die angibt, welche Beziehungen zwischen dem Einsatz an Produktionsfaktoren und der Leistungsmenge bestehen.

Ausgehend von den funktionalen Leistungs-/Faktoreinsatzzusammenhängen ist zum Beispiel der Betriebsprozess im Krankenhaus wie folgt determiniert (Schmidt-Rettig et al., 2008, Seite 89):

- *„Überwiegend technische Limitationalität der Einsatzfaktoren.* Technisch bedingt durch den Betriebsmitteleinsatz im Bereich von Diagnostik, Therapie, wirtschaftlicher und technischer Versorgung, physiologisch und auch psychologisch begründet durch den Humanfaktor Patient (Beispiele: patientengebundene Medikation, Strahlendosis, Anästhesie, Verpflegung) oder auch dispositiv bestimmt durch den Leistungsstandard (Beispiele: Pflegeaufwand je Patient, Zahl der Krankenhausbetten je Krankenzimmer) bestehen zwischen der jeweiligen Leistungsmenge und den für die Leistungserstellung erforderlichen Einsatzfaktoren bestimmte, feste Relationen.

- *Sowohl nicht-lineare als auch lineare Beziehungen zwischen Leistungs- und Einsatzmengen.* Die unterschiedlichen Ursachen für die Limitationalität der Einsatzfaktoren sind der Grund dafür, dass der Betriebsprozess im Krankenhaus sowohl durch variable als auch durch konstante Produktionskoeffizienten charakterisiert ist. Konstante Produktionskoeffizienten finden sich in der Regel dann, wenn Art und Umfang der Einsatzfaktoren dispositiv bestimmt sind (Beispiel: Pflegeaufwand je Patient).

- *Scheinsubstitutionalität bestimmter Einsatzfaktoren.* Die Möglichkeiten zur teilweisen Austauschbarkeit bestimmter Produktionsfaktoren erweisen sich bei näherer

Analyse deshalb nur als eine scheinbare periphere Substitution, weil die Leistungsabgabe des konstant gehaltenen Faktors entweder quantitativ oder aber qualitativ mit der Veränderung der anderen Einsatzfaktoren variiert. Beispiel: Erhöht man im Pflegedienst bei ansteigender Belegung nur die Zahl des Pflegehilfspersonals, dann erweist sich der Einsatzfaktor „Krankenpflege" zwar quantitativ als konstant, qualitativ aber variiert die Leistungsabgabe deshalb, weil das Leistungsprofil der beiden Berufsgruppen unterschiedlich ist; d. h. bei steigender Belegung bleiben die eingesetzten Betriebsmittel zwar konstant, infolge erhöhter Leistungsabgabe variieren sie jedoch intensitätsmäßig."

Daraus folgt zusammenfassend:

Die medizinbetriebliche Produktionsfunktion ist durch gemischt limitational-substitutionale Faktorbeziehungen charakterisiert.

4.2.3 Uno-actu-Prinzip

Dienstleistungsökonomisch wird die Gesundheitsleistungsproduktion über das „Uno-actu-Prinzip" definiert (Herder-Dorneich et al. 1972), das heißt, im Gegensatz zur Sachgüter- oder sachbezogenen Dienstleistungsproduktion (so z. B. die Analyse von Patientenuntersuchungsgut) verlangt die Gesundheitsleistungsproduktion die humanfaktorpräsenzbedingte zeitlich-räumliche Simultanität von Produktion und Absatz (Abb. 4.4), oder anders ausgedrückt:

Der externe Humanfaktor „Patient" ist die causa effizienz für die Gesundheitsleistungsproduktion.

Abbildung 4.4:   *Die betriebswirtschaftlichen Elementarfunktionen der Gesundheitsleistungsproduktion im Vergleich zur Sachgüterproduktion; mod. nach Maleri (1991)*

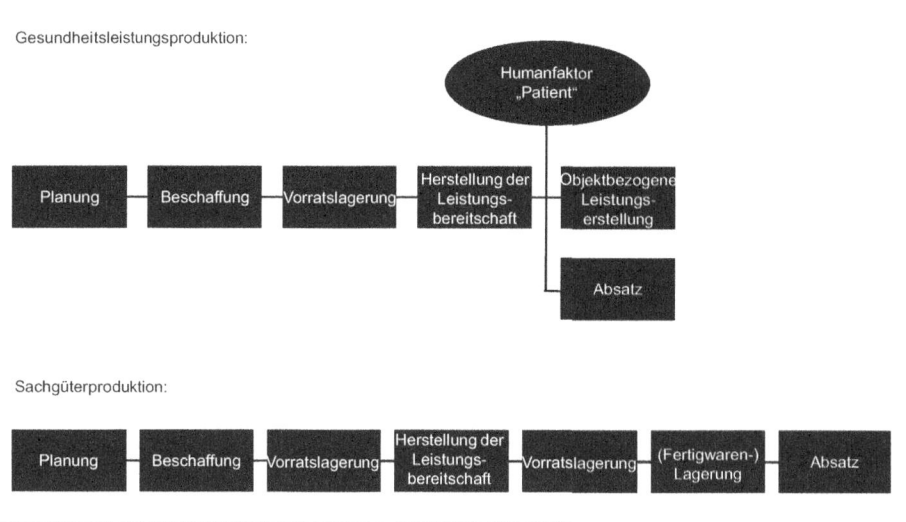

Dabei ist jedoch darauf hinzuweisen, dass für die Erbringung von Gesundheitsleistungen nicht nur die physische Anwesenheit des Patienten, sondern häufig auch seine aktive Mitwirkung erforderlich ist. So erfolgt beispielsweise eine Operation in Vollnarkose zwar ohne direkte Mitwirkung des Patienten, bei der nachfolgenden Genesung und Rehabilitation dagegen ist seine Mitwirkung unabdingbar. So gesehen sind *Gesundheitsleistungen* personenbezogene Dienstleistungen mit immateriellen Wirkungen, bei denen der Patient die Teilnahme an der Leistungserstellung (Faktorkombination) nachfragt und dabei selbst zum Produktionsfaktor wird (vgl. Berekoven, 1974; Corsten, 1990; Seelos, 1993b; Corsten et al., 2007) oder für den fremden Bedarf (oder den Absatz) produzierte immaterielle Güter zur Förderung, Erhaltung oder Wiederherstellung der individuellen oder kollektiven Gesundheit (vgl. Corsten, 1990; Maleri, 1991; Seelos, 1993b). Dabei unterscheidet man, abhängig von der zeitlichen Präsenz des Patienten im Medizinbetrieb, ambulante, semistationäre und stationäre Gesundheitsleistungen. *Ambulante Gesundheitsleistungen* werden ohne, *stationäre Gesundheits-*

leistungen nach stationärer Aufnahme des Patienten im Medizinbetrieb erbracht. *Semi-stationäre Gesundheitsleistungen* setzen die Aufnahme des Patienten in einer Tages- oder Nachtklinik voraus.

4.2.4   Vor- und Endkombination

Nach dem Uno-actu-Prinzip umfasst die Gesundheitsleistungsproduktion nicht nur die „Produktion" einer konkreten Gesundheitsleistung (Endkombination), sondern auch die Herstellung einer nach dem Leistungsauftrag definierten Leistungsbereit-schaft (Vorkombination); s. Abb. 4.5.

Abbildung 4.5:   *Vor- und Endkombination bei der Gesundheitsleistungsproduktion in Anlehnung an Maleri (1991), Seite 35*

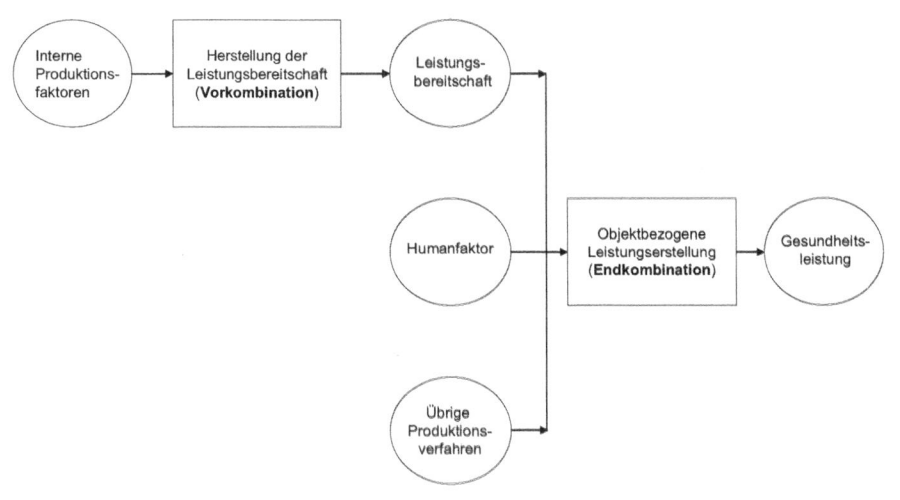

Davon ausgehend lässt sich die Frage, ob die „Industrialisierung der Gesundheitsleis-tungsproduktion" eine Antwort auf den Rationalisierungsbedarf im Gesundheitswesen sein kann oder ob bei der Gesundheitsleistungsproduktion produktionswirtschaftliche Paradigmen anwendbar sind, wie folgt beantworten (Seelos, 2007b):

Ausgehend vom jeweiligen medizinbetrieblich definierten Leistungsprogramm, ergeben sich für die Faktorkombination sowohl Gestaltungsmöglichkeiten in Bezug auf die Spezifikation der Produktionsfaktoren (Potenzialgestaltung) als auch der Organisation des Faktorkombinationsprozesses (Prozessgestaltung) selbst. Bezogen auf die Zweistufigkeit der Gesundheitsleistungsproduktion können sich diese sowohl auf die Vor- als auch die Endkombination beziehen (Abb. 4.6).

Abbildung 4.6: *Anwendungsfelder produktionswirtschaftlicher Paradigmen bei der Gesundheitsleistungsproduktion (schraffiert dargestellt)*

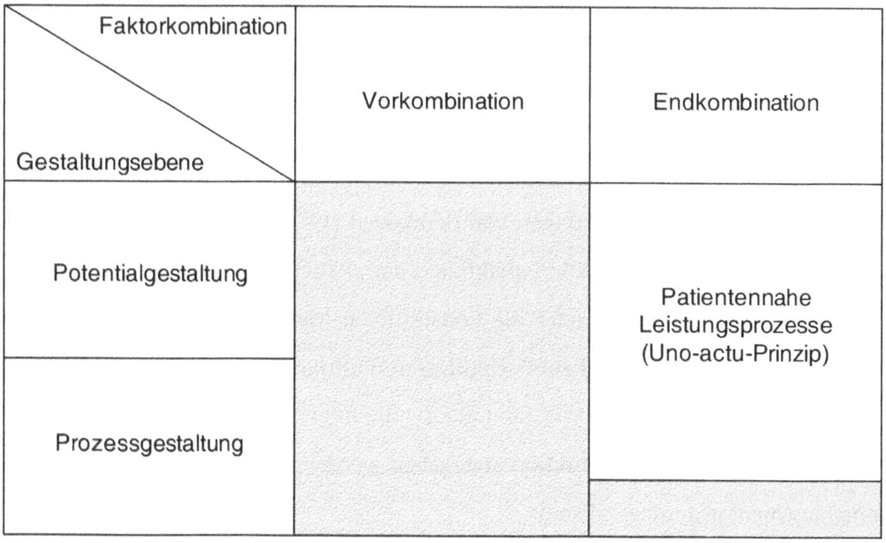

Faktorkombination / Gestaltungsebene	Vorkombination	Endkombination
Potentialgestaltung		Patientennahe Leistungsprozesse (Uno-actu-Prinzip)
Prozessgestaltung		

Da der Patient nicht direkt in den Prozess der Vorkombination involviert ist, ergeben sich hier für die Standardisierung und Technisierung der Gesundheitsleistungsproduktion (zumindest theoretisch) vergleichbare Bedingungen zur Sachgüterproduktion. Entsprechendes gilt zum Teil auch für einzelne Prozesse der Endkombination, etwa wenn Patientenuntersuchungsgut (z. B. Blut, Urin, Sputum, Liquor, Gewebe) analysiert werden soll. Damit können Teilprozesse des medizinbetrieblichen Wertschöpfungsprozesses durch systematisch geplante, variable und konditional abhängig miteinander kombinierbare Aufgabensysteme substituiert und Produktionsabläufe rationalisiert werden. Wie Abbildung 4.6 andeutet, korreliert aber die Anwendbarkeit industrieller Produktionsparadigmen mit der Intensität der Uno-actu-Beziehung, das heißt, sie ist für die patientenfernen Leistungsprozesse (Vorkombination) zu bejahen, für die Endkombination dagegen eingeschränkt. Effizienzpotenziale für die Endkombination liegen daher zum Beispiel in einer möglichst reibungslosen Führung und Koordination der Wertschöpfungsaktivitäten, in der gemeinsamen Nutzung von Ressourcen, in einer zeitgerechten Aufbereitung, Zurverfügungstellung und Interpretation von Informationen, in der Beschränkung auf Kernkompetenzen oder im Auslagern von Geschäftsprozessen.

4.2.5   Konstitutive Merkmale[16]

In Anlehnung an die Ausführungen von Berekoven (1974) zur Darstellung der allgemeinen Dienstleistungsproduktion qualifiziert der „Patient" als externer Humanfaktor das *„semantische Differenzial"* oder die konstitutiven Merkmale der Gesundheitsleistungsproduktion. Abgrenzend zur Sachgüter- und übrigen Dienstleistungsproduktion können – ohne Anspruch auf Vollständigkeit – die folgenden konstitutiven Merkmale der Gesundheitsleistungsproduktion angegeben werden, die für das operative Medizinmanagement grundlegend sind:

Bei der Gesundheitsleistungsproduktion sind Handelnde und Behandelte Humanfaktoren.

---

[16] Aktualisierte Erstveröffentlichung aus Seelos (1993b) Zum semantischen Differenzial der Gesundheitsleistungsproduktion. ZögU 16: 303-315

Der Charakter der Gesundheitsleistungsproduktion kann mithin als *„biophil"*, als auf das menschliche Individuum bezogen qualifiziert werden. Daraus ergeben sich eine Reihe wichtiger Schlussfolgerungen:

- Im Kern der Gesundheitsleistungsproduktion steht die hochfragile Patienten-Arzt- beziehungsweise Patienten-Pflege-Interaktion. Die Leistungserstellung ist stark prozessual und aktivitätsbezogen charakterisiert; konstitutiv für die Gesundheitsleistungsproduktion ist die intensive emotionale, intellektuelle und physische Beteiligung des Patienten. Von daher spielen die menschlichen Eigenschaften der Interaktionspartner wie Einfühlungsvermögen, Vertrauenswürdigkeit, Freundlichkeit oder auch die Fähigkeit zuzuhören, eine wichtige Rolle (Seelos, 2008b).

- Die Gesundheitsleistungsproduktion verlangt Humanität gegenüber dem Patienten; sie impliziert psychologische und soziologische Faktoren (Schmidt-Rettig et al., 2008).

- Medizinbetriebe benötigen ein gleichermaßen ziel- und menschenorientiertes Führungssystem (Seelos, 2007a).

- Der biophile Charakter der Gesundheitsleistungsproduktion sollte prägend für die Kultur von Medizinbetrieben sein (Seelos, 2006a).

Der Humanfaktor „Patient" partizipiert an der Gesundheitsleistungsproduktion als multipler Rollenträger.

Die Identifikation dieser Rollen muss bei den Attributen ansetzen, die kontextabhängig dem externen Humanfaktor „Patient" zugeschrieben werden können; im Einzelnen:

- „Patient" im Sinne einer zur Arztrolle komplementären sozialen Rolle,
- „Kunde" im Sinne des Dienstleistungsmarketings,
- „Verbraucher" von Gesundheitsleistungen im Sinne der Gesundheitsökonomie,
- „Betroffener" im Sinne des Datenschutzrechts,
- „Kostenträger" im Sinne der Kosten- und Leistungsrechnung,
- „Debitor" im Sinne der Leistungsabrechnung,
- „Objektsystem" im Sinne der Ziele der medizinischen Versorgung,
- „externer Produktionsfaktor" im Sinne der Produktionstheorie.

Adäquat für die Organisation der Gesundheitsleistungsproduktion ist daher nur ein human(faktor)zentrierter Produktionsprozess, wie er in der Forderung nach einer patientenorientierten Modellierung medizinbetrieblicher Geschäftsprozesse zum Ausdruck kommt (Seelos, 1991).

Der Humanfaktor „Patient" als externer Produktionsfaktor entzieht sich der autonomen Disponierbarkeit durch den Produzenten.

Die Nachfrage nach Gesundheitsleistungen oder der Patientenzugang wird grundsätzlich bestimmt durch sachliche, persönliche, räumliche und insbesondere zeitliche Präferenzen, die naturgemäß nicht oder nur bedingt vom Produzenten beeinflusst werden können; so zum Beispiel die Inzidenz und Prävalenz von Krankheit, die Dynamik der Pathogenese, die Art und Weise der Finanzierung von Gesundheitsleistungen ebenso wie die individuelle ökonomische Situation des Patienten, sein Gesundheitsbewusstsein, seine Akzeptanz des Anbieters beziehungsweise dessen Leistungsversprechens sowie die für ihn erreichbaren und zugänglichen medizinischen Versorgungskapazitäten.

Der Humanfaktor „Patient" qualifiziert (neben den betrieblichen Sachzielen) den medizinbetrieblichen Faktorkombinationsprozess oder Zeitpunkt, Art, Menge und Ort der zu produzierenden Gesundheitsleistung.

Aufgrund der Variabilität der biologischen und soziodemografischen Eigenschaften des Humanfaktors „Patient" sowie der in hohem Maße differierenden Krankheitsbilder werden Zielsetzung und Aufgabe des Versorgungsprozesses im Einzelfall patientenbezogen definiert, mit der Folge, dass der Ablauf des Leistungsgeschehens im Medizinbetrieb nicht vorstrukturiert, sondern von Patient zu Patient konkret ausgehandelt wird (Shared decision-making). So gesehen sind die im Einzelfall auszuführenden Sekundärleistungen in ihrer Kombination individuell, oftmals zeitkritisch und nicht vorherzusagen oder planbar, obgleich die Prozesse im Einzelnen in ihrem Ablauf klar strukturiert sind. Insbesondere werden die erforderlichen diagnostischtherapeutischen Maßnahmen (Produktionsschritte) nicht nur von der Einwilligung des Patienten, seinen behandlungsbedürftigen „Problemen" (Weed, 1978), Multimorbiditäten oder diesbezüglichen medizinischen Konzepten (Behandlungsmethoden), sondern auch von der Dynamik der Pathogenese, spezifischen Ereignissen (z. B. Komplikationen, histologischer Befund) sowie den jeweiligen klinischen Prioritäten bestimmt (z. B. Notfallbehandlung). Infolge der daraus resultierenden notwendigen Prozessflexibilität sowie der aus der Sicht des Produzenten fremdbestimmten Auftragsindividualität vollzieht sich der Prozess der Faktorkombination bei der Gesundheitsleistungsproduktion daher nach dem Prinzip der *Einzelleistungsproduktion*. Das schließt aber nicht aus, dass insbesondere patientenferne Teilprozesse (z. B. Speisenzubereitung, Kostensicherung, Materialdisposition, Leistungsabrechnung, Analyse von Patientenuntersuchungsgut) durch systematisch geplante, variable und konditional abhängig, miteinander kombinierbare Leistungssysteme substituiert und Produktionsabläufe rationalisiert werden können (z. B. Automation der klinisch-chemischen Analytik, Rationalisierung des ärztlichen Schreibdienstes, E-Commerce). Weiterhin kann die Auftragsindividualität oftmals durch eine selektive Auftragsbestandsbildung (z. B. Spezialisierung des Angebotsportfolios oder Leistungsprogramms, Einrichtung von Behandlungszeiten für Patienten mit ähnlichen medizinischen Problemen wie z. B. bei der Diabetes-Sprechstunde, zeitliche Bündelung ähnlicher operativer Eingriffe) reduziert und so der Leistungserstellungsprozess nach medizinorganisatorischen Gesichtspunkten optimiert werden. Im Übrigen ist der fremdbestimmten Auftragsindividualität oder der Ungewissheit über die konkreten qualitativen, quantitativen und zeitlichen Merkmale künftiger Leistungserstellungsprozesse sowie Nachfrageschwankungen elastisch nur durch gewisse Überkapazitäten und flexible Leistungspotenziale (z. B. variabel nutzbare Betriebsmittel, multifunktional einsetzbare Mitarbeiter) zu begegnen.

Die Standortgebundenheit der Gesundheitsleistungsproduktion verlangt Mobilität des Humanfaktors „Patient".

Aus dem Uno-actu-Prinzip ergeben sich bei der Gesundheitsleistungsproduktion ausgeprägte persönliche und räumliche Präferenzen (Tab. 4.4). Standortgebundenheit besteht grundsätzlich immer dann, wenn beim Prozess der Faktorkombination immobile Produktionsfaktoren eingesetzt werden. In diesem Fall muss die räumliche Distanz zwischen den Produktionsfaktoren durch geeignete Logistik- und Kommunikationssysteme (z. B. innerbetrieblicher Transportdienst, automatisches Warentransportsystem, Telekommunikationssystem, Videokonferenz) überwunden werden. Bei mobilem Humanfaktor „Patient" erfolgt die Produktion der Gesundheitsleistung in der Regel am Standort des Produzenten (Medizinbetrieb) beziehungsweise an den

ortsgebundenen Verrichtungssystemen (medizinbetriebliche Leistungsstellen), sonst –
insoweit der Humanfaktor „Patient" nicht transportabel ist – am Nachfrageort (z. B.
Notfallerstversorgung, häusliche Krankenbehandlung). Dominieren ortsgebundene
Verrichtungssysteme, ist es erforderlich, dass die Patienten diese aufsuchen oder – bei
Immobilität – dorthin gebracht werden (z. B. Operationssaal).

Tabelle 4.4:   *Der externe Humanfaktor „Patient" als Standortdeterminante der Ge-*
sundheitsleistungsproduktion

Produzent Humanfaktor	mobil	immobil
Potentialgestaltung	Standort ist variabel	Standort beim Produzenten
Prozessgestaltung	Standort beim Nachfrager	irrelevant

Aus Gründen der Rationalisierung kann eine zunehmend multi- und interdisziplinäre
Nutzung der Leistungsbereiche beobachtet und damit ein Bedarf für Patientenab-
laufsteuerungssysteme festgestellt werden. Ortsveränderliche Arbeitsplätze liegen nur
bei Teilleistungen vor; zum Beispiel bei Arztvisiten, bei denen eine Hinwendung zum
Patienten besteht. Demgegenüber kann bei Mobilität des Patienten und des Produzenten der Standort der Gesundheitsleistungsproduktion nach logistischen und ökonomischen Aspekten optimiert werden; so zum Beispiel beim Einsatz eines Klinomobils,
dem Flying oder auch dem Driving Doctor´s Service.

Der Humanfaktor „Patient" ist *Betroffener* im Sinne des Datenschutzrechts.

Da das Bezugsobjekt medizinischer Handlungsweisen die Person des Patienten ist, sind die diesbezüglichen Informationen per definitionem personenbezogen. Die patientenbezogene Informationen darstellenden Daten (*Patientendaten*) sind dann im Sinne der Begriffsbestimmung des Datenschutzrechts (§ 3 Abs. 1 BDSG) Einzelangaben über persönliche oder sachliche Verhältnisse einer bestimmten oder bestimmbaren natürlichen Person („Betroffener"), die sich auf ihre soziale Rolle als „Patient" beziehen oder diesen abbilden; so zum Beispiel Angaben über den Gesundheitszustand, insbesondere Anamnese, Risikofaktoren, Befunde, Diagnosen, Therapien, pflegerische Maßnahmen, aber auch mittelbar auf den Patienten bezogene Informationen, die mithilfe vorhandenen oder verschaffbaren Zusatzwissens reindividualisierbar sind. Als Patientendaten gelten weiterhin Einzelangaben der persönlichen oder sachlichen Verhältnisse eines anderen, insoweit sie unter den Schutzbereich der ärztlichen Schweigepflicht fallen (sogenannte Drittgeheimnisse § 203 Abs. 2 StGB), also personenbezogene Daten von Angehörigen oder anderen Bezugspersonen des Patienten sowie sonstiger Dritter, die dem Arzt im Zusammenhang mit der Behandlung bekannt werden (z. B. im Rahmen der Familien- und Sozialanamnese).

Zum Schutz des Betroffenen (präziser: seines nach Art. 2 Abs. 1 in Verbindung mit Art. 1 Abs. 1 GG verfassungsrechtlich verbürgten *Rechtes auf informationelle Selbstbestimmung*) und zur Wahrung des Patientengeheimnisses unterliegt die Verarbeitung von Patientendaten daher besonderen materiell- und verfahrensrechtlichen Normen des Datenschutzrechts (dazu ausführlich Seelos, 1991). Die Einhaltung dieser Vorschriften ist durch entsprechende technisch-organisatorische Maßnahmen der Informationsbehandlung sicherzustellen (vgl. die Anlage zu § 9 BDSG und den textgleichen Bestimmungen in den Landesdatenschutzgesetzen).

Neben dem Humanfaktor „Patient" sind personenintensive Arbeitsleistungen und eine humanfaktororientierte Medizintechnik dominante Faktoren der Gesundheitsleistungsproduktion.

Die menschliche Arbeit ist für Dienstleistungsbetriebe, die personenbezogene Leistungen an Menschen erbringen, wichtigstes Einsatzgut. Typisch für die Zusammensetzung der Einsatzgüter bei der Gesundheitsleistungsproduktion ist daher der große Anteil menschlicher Arbeitsleistungen, insbesondere durch hoch qualifiziertes Personal verschiedener Fachgebiete, ferner der intensive Einsatz der Medizintechnik sowie von Sachgütern, die zum Teil aus Gütern des medizinischen und medizinisch-technischen Bedarfs sowie für Unterkunft und Verpflegung bestehen. Da wegen der Vorhaltung dieser Güter zur Herstellung der Leistungsbereitschaft der Anteil der fixen Kosten bei der Gesundheitsleistungsproduktion besonders hoch und die variablen Kosten dagegen vergleichsweise gering sind, reagiert der Erfolg außerordentlich sensitiv auf unterschiedliche Kapazitätsauslastungsgrade (Abb. 4.7). Dies führt zu einer Break-Even-Konstellation mit auf hohem Niveau flach ansteigenden Kosten und steil ansteigendem Umsatz. Die Höhe der Produktionskosten wiederum ist, ausgehend von einem konstanten Leistungsumfang, primär abhängig von der Kapazitätsauslastung, der Behandlungsdauer (Anzahl ambulanter Behandlungen oder Verweildauer der Patienten bei stationärer Behandlung), den Preisen, der Intensität des Faktoreinsatzes sowie von der Kapazität des Medizinbetriebes. Besondere Bedeutung kommt daher der Unterstützung der menschlichen Arbeitsleistungen, insbesondere der Rationalisierung der operativen Informationsverarbeitung, der Standardisierung des Faktorkombinationsprozesses und der Qualifizierung diesbezüglicher Entscheidungen zu.

Charakteristisch für die Gesundheitsleistungsproduktion sind funktionale Leistungs-/Einsatzrelationen, die durch die Limitationalität der eingesetzten Produktionsfaktoren determiniert sind.

Abbildung 4.7:   *Fixkostenproblem bei der personalintensiven Gesundheitsleistungsproduktion*

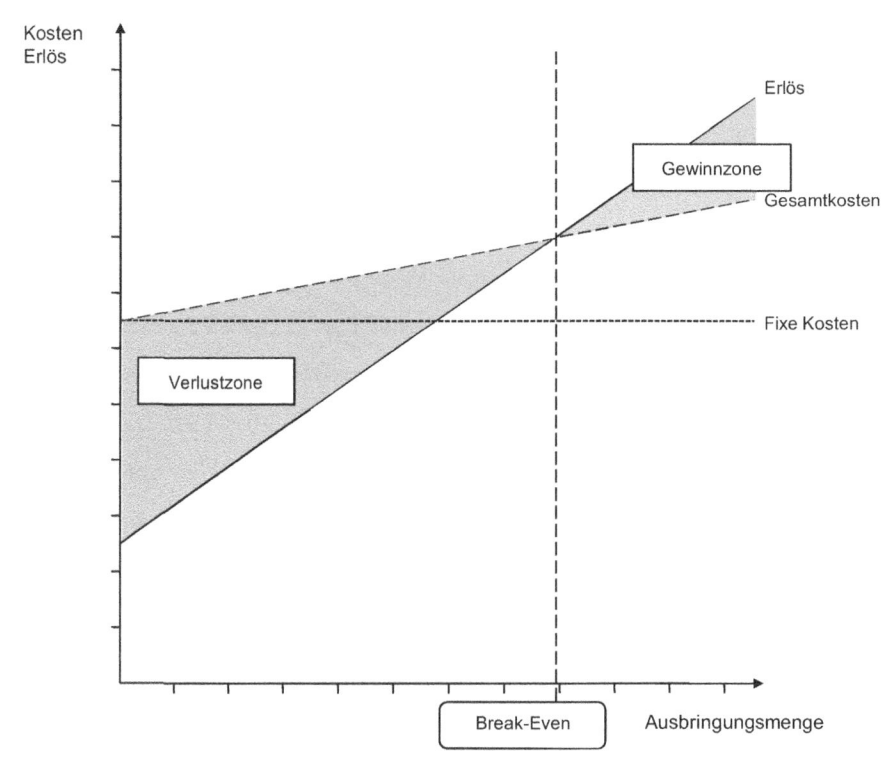

Technisch bedingt durch den Betriebsmitteleinsatz (z. B. Röntgeneinrichtung, OP-Räume), physiologisch und auch psychologisch begründet durch den Humanfaktor „Patient" (z. B. patientengebundene Medikation, Anästhesie, Verpflegung) bestehen im Unterschied zur Sachgüterproduktion zwischen der Zahl der Einzelleistungen und den eingesetzten Verbrauchs- und Potenzialfaktoren definierte Relationen (Absatz 4.2.2). Maßstab hierfür sind insbesondere die Humanität gegenüber dem Patienten und ethische Normen. Abgesehen von den patientennahen Leistungsprozessen unterscheiden sich Ansatzpunkte und Möglichkeiten zur Effizienzverbesserung im Bereich der Gesundheitsleistungsproduktion dem Grundsatz nach daher nicht von denen der Produktionswirtschaft.

Qualitätsmanagement bei der Gesundheitsleistungsproduktion lässt sich nur durch die Vorverlagerung der Qualitätskontrolle auf die eingesetzten Produktionsfaktoren sowie den Faktorkombinationsprozess erreichen.

Bei der Produktion von Sachgütern wird eine gleichbleibend hohe Qualität vor allem durch die im produzierenden Betrieb selbst durchgeführte *Fertigungsendkontrolle* angestrebt, die zumeist vor dem Absatz der Produkte und in jedem Falle vor Übergang derselben an den Abnehmer erfolgt. Diese Möglichkeit besteht bei dem dienstleistungstypischen Absatz der Gesundheitsleistung (Uno-actu-Prinzip) nicht. Zielführend bei der Gesundheitsleistungsproduktion ist daher nur ein ganzheitlicher Ansatz des Qualitätsmanagements, der Struktur und Ablauf aller medizinbetrieblichen Geschäftsprozesse im Sinne eines unternehmensweiten Netzwerkes von einzelnen organisierten „Qualitätssicherungsmaßnahmen" erfasst (*Total Quality Management*).

Infolge der Immaterialität der Gesundheitsleistung lässt sich der Outcome der Gesundheitsleistungsproduktion nur indirekt messen. Dagegen unterliegt die Ausführung der Gesundheitsleistung aufgrund der direkten persönlichen Betroffenheit des Patienten unmittelbar subjektiven Bewertungen.

Unter Berücksichtigung dieser Schwierigkeiten orientieren sich Qualitätsüberlegungen im Bereich der Medizin deshalb nicht nur allein am Behandlungsergebnis, also der Verbesserung des Gesundheitszustandes des Patienten (Ergebnisqualität), sondern parallel oder aber auch ersatzweise am Ablauf des Behandlungsprozesses (Prozessqualität) und an den Ressourcen, die für die medizinische Versorgung im Einzelfall gegeben sind (Strukturqualität).

In der Perspektive des Dienstleistungsmarketings sind Gesundheitsleistungen „Problemgüter", da als Absatzobjekt lediglich ein Leistungsziel beziehungsweise die Bereitschaft zur Produktion von Gesundheitsleistungen angeboten werden kann.

Nach dieser Interpretation stellt die angebotene Gesundheitsleistung lediglich ein *(Dienst-)Leistungsversprechen* dar, das aufgrund der Immaterialität der Gesundheitsleistung einerseits und des für Medizinbetriebe typischen Uno-actu-Prinzips andererseits werblich schwer zu konkretisieren ist. Da der Patient aufgrund der Intangibilität und Individualität die Leistungen nicht vor deren Erbringung beurteilen kann, schaut er sich das Umfeld an, in dem die Leistungen erbracht werden. Er schließt von der Art und Weise, wie die behandelnden und mit ihm kommunizierenden Personen ihm begegnen oder wie die Räumlichkeiten gestaltet sind, auf die Qualität der anstehenden Behandlung. Daraus folgt, dass der Medizinbetrieb seinerseits versuchen sollte, die Intangibilität seiner Leistungen so weit wie möglich in eine Tangibilität zu transformieren (Meffert et al., 2009). Dies kann durch ein medizinbetriebliches Marketing bezüglich

- der vorgehaltenen Strukturqualität,
- des angebotenen Leistungsportfolios,
- des Umfangs der Nebenleistungen (Art und Quantität der Hotelleistungen)
- und der zertifizierten Behandlungs- und Pflegequalitäten

ebenso erfolgen, wie durch frühzeitige Kontaktaufnahme mit dem Patienten, sei es über Veranstaltungen, sei es über Selbsthilfegruppen oder sei es über ambulante Dienste.

5 Resultate

Die Frage nach den Resultaten der medizinbetrieblichen Wertschöpfung kann nicht losgelöst vom Wesen und Zweck der medizinbetrieblichen Tätigkeit beantwortet werden. Der Zweck eines Medizinbetriebs besteht darin, dauerhaft einen bestimmten Dienst für die Gesellschaft zu erbringen; konkret:

Ein Medizinbetrieb erbringt Einzelleistungen im Bereich von Diagnostik, Therapie, Pflege und gegebenenfalls Hotelversorgung (*Output*), die sich unmittelbar auf den Gesundheitszustand von Patienten (*Outcome*) und mittelbar auf die Gesellschaft auswirken (*Impact*).

Beispielsweise kann ein erfolgreich behandelter depressiver Patient wieder am gesellschaftlichen Leben teilnehmen. Die Ausbreitung einer Infektionskrankheit wird durch frühzeitige Erkennung und Behandlung der Betroffenen begrenzt, oder eine neu entwickelte Behandlungsmethode vermag vielen Erkrankten Hilfe zu bringen. Auch die Linderung von Krankheit und Leid, zum Beispiel in der Palliativmedizin, stellt ebenso einen Outcome dar, wie die Notfallversorgung eines polytraumatisierten Patienten oder eine medizinisch nicht notwendige Schönheitsoperation. „Reduziert sich das Resultat auf den Output, hätte der Medizinbetrieb seine Zwecksetzung verfehlt. Bleibt der Outcome ohne Impact, so ist der Sinn des Output und Outcome zu hinterfragen" (Fleßa, 2007).

Der Output der Gesundheitsleistungsproduktion kann durch Zählen der in einer Betrachtungsperiode erbrachten Einzelleistungen dargestellt werden (betriebliche Leistungserfassung und -auswertung). Für den Outcome benennt das EFQM-Modell neben den Ergebnissen der betrieblichen Wertschöpfung (hier die realisierten Gesundheitsleistungen), die Kriterien „Mitarbeiterzufriedenheit" und „Kundenzufriedenheit", die der biophilen Handlungssphäre des dispositiven Faktors zuzurechnen sind. Der Impact wird durch die (regionale) Relevanz des Medizinbetriebes im System der Gesundheitsversorgung (Systemrelevanz) und (nachhaltig) durch den Umgang mit der sozialen medizinbetrieblichen Verantwortung in Bezug auf die sozialen, ökonomischen und ökologischen Folgen der medizinbetrieblichen Wertschöpfung reflektiert (Corporate Social Responsibility).

5.1 Gesundheitsleistungen

Gesundheitsleistungen sind Inputs zur Verbesserung, Erhaltung oder Wiederherstellung der individuellen oder kollektiven Gesundheit, die von Verbrauchern nachgefragt und von Leistungserbringern im Gesundheitswesen erbracht werden. (Sozial-) versicherungsrechtlich ist die Gesundheitsleistung eine *Versicherungsleistung*, abhängig vom jeweiligen Geltungsbereich der Versicherungsbedingungen, auf den sich der Leistungsbegriff bezieht. Dienstleistungsökonomisch (dazu ausführlich Kapitel 4) lässt sich das Ergebnis der Gesundheitsleistungsproduktion dreidimensional definieren, und zwar *potenzial-, prozess-* und *ergebnisorientiert* (Abb. 5.1).

5.1.1 Versicherungswirtschaftliche Kategorien

In der Versicherungswirtschaft wird die Gesundheitsleistung als eine Versicherungsleistung, das heißt als Dienst-, Sach- oder Geldleistung beschrieben.

In der Sozialversicherung ist die versicherungsrechtliche Konkretisierung des Leistungsbegriffs abhängig vom jeweiligen Geltungsbereich der gesetzlichen Vorgaben. So umfasst die „Krankenbehandlung" in der gesetzlichen Krankenversicherung „1. ärztliche Behandlung einschließlich Psychotherapie als ärztliche und psychotherapeutische Behandlung, 2. zahnärztliche Behandlung, 2a. Versorgung mit Zahnersatz einschließlich Zahnkronen und Suprakonstruktionen, 3. Versorgung mit Arznei-, Verband-, Heil- und Hilfsmitteln, 4. häusliche Krankenpflege und Haushaltshilfe, 5. Krankenhausbehandlung, 6. Leistungen zur medizinischen Rehabilitation und ergänzende Leistungen". Zur Krankenbehandlung gehören auch Leistungen zur Herstellung der Zeugungs- und Empfängnisfähigkeit, wenn diese Fähigkeit nicht vorhanden oder durch Krankheit oder wegen einer durch Krankheit erforderlichen Sterilisation verloren gegangen war (§ 27 Abs. 1 SGB V).

Abbildung 5.1:   *Phasenbezogene Ansatzpunkte unterschiedlicher Definitionen der Gesundheitsleistung (vgl. Hilke, 1984; Corsten und Gössinger, 2007)*

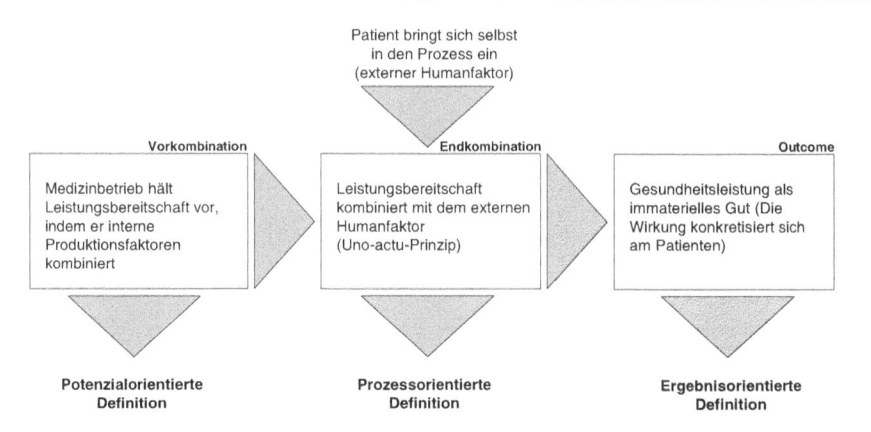

In der sozialen Pflegeversicherung sind Gesundheitsleistungen Dienst-, Sach- und Geldleistungen für den Bedarf an Grundpflege und hauswirtschaftlicher Versorgung sowie Kostenerstattung, soweit es das 11. Buch des Sozialgesetzbuches vorsieht. Art und Umfang der Leistungen richten sich nach der Schwere der Pflegebedürftigkeit und danach, ob häusliche, teilstationäre oder vollstationäre Pflege in Anspruch genommen wird (§ 4 Abs.1 SGB XI).

Im Sprachgebrauch des 9. Buches des Sozialgesetzbuches (Rehabilitation und Teilhabe behinderter Menschen) sind Leistungen zur Teilhabe die notwendigen Sozialleistungen, um unabhängig von der Ursache der Behinderung 1. die Behinderung abzuwenden, zu beseitigen, zu mindern, ihre Verschlimmerung zu verhüten oder ihre Folgen zu mildern, 2. Einschränkungen der Erwerbsfähigkeit oder Pflegebedürftigkeit zu vermeiden, zu überwinden, zu mindern oder eine Verschlimmerung zu verhüten sowie den vorzeitigen Bezug anderer Sozialleistungen zu vermeiden oder laufende Sozialleistungen zu mindern, 3. die Teilhabe am Arbeitsleben entsprechend den Neigungen und Fähigkeiten dauerhaft zu sichern oder 4. die persönliche Entwicklung ganzheitlich zu fördern und die Teilhabe am Leben in der Gesellschaft sowie eine möglichst selbstständige und selbstbestimmte Lebensführung zu ermöglichen oder zu erleichtern (§ 4 SGB IX).

In der gesetzlichen Unfallversicherung umfasst die Gesundheitsleistung „Heilbehandlung" nach § 27 SGB VII, insbesondere die Erstversorgung, ärztliche Behandlung, zahnärztliche Behandlung einschließlich der Versorgung mit Zahnersatz, Versorgung mit Arznei, Verband-, Heil- und Hilfsmitteln, die häusliche Krankenpflege, die Behandlung in Krankenhäusern und Rehabilitationseinrichtungen und Leistungen zur medizinischen Rehabilitation nach § 26 Abs. 2 Nr. 1 und 3 bis 7 und Abs. 3 SGB IX.

5.1.2   Potenzialorientierte Definition

Potenzialorientiert definieren sich Gesundheitsleistungen über die Vorhalteleistung, also die Qualität und Quantität der über- und einzelbetrieblich vorgehaltenen Kapazitäten zur Gesundheitsleistungsproduktion.

Einer Dienstleistung mit öffentlichem Guts-Charakter wie der Gesundheitsleistung haftet das Problem an, dass in Modellen des Marktwettbewerbs eine aus gesamtwirtschaftlicher Sicht zu geringe Menge bereitgestellt wird. Es liegt damit im ökonomischen Sinne eine der klassischen Formen des Marktversagens vor. Die daraus abzuleitende Konsequenz ist eine entsprechende Regulierung des Marktes oder eine Bereitstellung des Gutes durch den Staat. Die Verantwortung des Staates für die Gewährleistung einer ausreichenden Daseinsvorsorge der Bevölkerung kann verfassungsrechtlich aus dem in Art. 20 Abs. 1 des Grundgesetzes (GG) verankerten Sozialstaatsprinzip abgeleitet werden. Im Rahmen dieser Verantwortung hat die öffentliche Hand auch dafür Sorge zu tragen, dass quantitativ und qualitativ ausreichende medizinische und pflegerische Versorgungskapazitäten für alle Bürger zur Verfügung stehen. Das ist auch vom Bundesverfassungsgericht mehrfach bestätigt worden (BVerfG 52, 303, 348; zuletzt in diesem Zusammenhang für die gesetzlichen Krankenkassen BVerfG, Beschl. v. 6.12.2005, Az: 1 BvR 347/98). Gesundheitsleistungen als Leistungen der *Daseinsvorsorge* (MAS, 2006) sind damit gekennzeichnet durch die Gewährleistung

- eines gleichberechtigten Zugangs aller Bürger zu diesen Leistungen,

- der Versorgungssicherheit durch Vorhaltung der dazu notwendigen Versorgungskapazitäten

- sowie eine öffentliche Gemeinwohlverantwortung für diese Leistungen.

Die staatliche Verantwortung für die bedarfsgerechte Versorgung der Bürger mit Gesundheitsleistungen oder die Vorhaltung der hierzu notwendigen Versorgungskapazitäten begründet aber nicht zugleich die Verpflichtung, diese Leistungen als Aufgabe selbst zu übernehmen. Vielmehr handelt es sich dabei um einen Gestaltungsauftrag, den der Staat im Rahmen weiterer Entscheidungen auszufüllen hat. Inhaltlich wird der verfassungsrechtliche Gestaltungsauftrag vom Anwendungsbereich einzelner Grundrechte mitbestimmt, unter anderem von Art. 2 Abs. 1 GG (Handlungsfreiheit und damit auch Gewährleistung fremdnützigen Handelns), Art. 9 Abs. 2 GG (Garantie des verbandsmäßigen Zusammenschlusses), Art. 12 Abs. 1 GG (Berufsfreiheit und unternehmerische Entfaltungsfreiheit), Art. 14 GG (Eigentums- und Vermögensschutz). Darüber hinaus wird der Status der von kirchlichen Institutionen getragenen Medizinbetriebe durch Art. 4 Abs. 1 und 2 in Verbindung mit Art. 140 GG geprägt. Insgesamt besteht jedoch ein großer Freiraum bezüglich der konkreten Ausgestaltung und Ansiedelung eines *Sicherstellungsauftrages*. Die zunächst beim Staat liegende Verantwortung kann also als Verpflichtung unmittelbar von ihm ausgefüllt oder an andere delegiert werden. Davon ausgehend obliegt der Sicherstellungsauftrag für die einzelnen Gesundheitssektoren in Deutschland derzeit rechtlich

- im Bereich der ambulanten Versorgung den Kassenärztlichen und Kassenzahnärztlichen Vereinigungen, die die vertragsärztliche Versorgung sicherzustellen und gegenüber den Krankenkassen zu gewährleisten haben, dass die vertragsärztliche Versorgung den gesetzlichen Erfordernissen entspricht (§ 75 Abs. 1 SGB V),

- im Bereich der Krankenhausversorgung den Bundesländern (§ 6 KHG) beziehungsweise nach den entsprechenden Regelungen in den Landeskrankenhausgesetzen als „subsidiäre" Pflichtträgerschaft den Stadt- und Landkreisen,

- im Bereich der pflegerischen Versorgung der Versicherten den Pflegekassen nach § 12 und § 69 Abs. 1 SGB XI und für die Vorhaltung einer pflegerischen Versorgungsstruktur den Bundesländern gemäß § 9 SGB XI.

Ihren Ausdruck findet die Sicherstellung in einer kapazitätsorientierten *Rahmenplanung* (keine detaillierte Leistungsplanung) der Vorhalteleistung, das heißt

- in der ambulanten Versorgung in Form der für ein Versorgungsgebiet zugelassenen (Fach-)Ärzte (§ 99 SGB V),

- in der Krankenhausversorgung in Form der im Krankenhausplan eines Bundeslandes für einen Standort und ein medizinisches Fachgebiet allozierten Krankenhausbetten und tagesklinischen Plätze (§ 1 Abs. 1 KHG sowie die entsprechenden Regelungen in den Landeskrankenhausgesetzen),

- in der pflegerischen Versorgung in den für einen Stadt- oder Landkreis im Kreispflegeplan aufgeführten Maßnahmen zur Bedarfsdeckung nach § 9 SGB XI in Verbindung mit der entsprechenden Landesregelung,

- im Rettungswesen in der geografischen Verteilung der Rettungsdienste unter Berücksichtigung der maximal zulässigen Anrückzeit des Notarzteinsatzwagens zum Einsatzort (vgl. z. B. § 3 Abs. 2 Satz 6 Rettungsdienstgesetz Baden-Württemberg: Erreichbarkeit durch Rettungsdienste in maximal 15 Minuten).

Diese Rahmenplanung soll grundsätzlich eine bedarfsgerechte, aber auch wirtschaftliche Versorgung sicherstellen (z. B. § 5 Abs. 1 LKHG Baden-Württemberg). Das zudem in § 12 Abs. 1 SGB V ausdrücklich geregelte Wirtschaftlichkeitsgebot für die gesetzliche Krankenversicherung ist aber in Grenzfällen verfassungsrechtlich und sozialpolitisch nicht unproblematisch (vgl. für den Einsatz nicht zugelassener Behandlungsmethoden bei lebensbedrohlichen Erkrankungen BVerfG, Beschluss vom 06.12.2005, 1 BvR 347/98, BVerfGE 115, 25 ff.; Beschluss v. 22.11.2002, 1 BvR 1586/02, NJW 2003, 1236 ff. – „Off-Label-Therapie").

Für die im Zuge der Rahmenplanung erforderliche *Bedarfsprognose* gibt es keine allgemeingültigen Standards. Es kommen unterschiedliche methodische Ansätze in

Betracht, die sich an Kriterien wie der Morbidität, der Mortalität, dem vorhandenen Angebot, den verfügbaren Ressourcen oder der jeweiligen Inanspruchnahme orientieren[17].

Die rechtliche Ausgestaltung der Planung ist in den einzelnen Sachbereichen nicht einheitlich. Während zum Beispiel die Entscheidung über die Aufnahme eines Krankenhauses in den „Krankenhausbedarfsplan" unmittelbar rechtliche Wirkung hat und durch Bescheid erfolgt (§ 8 Abs. 1 KHG; zur Rechtsnatur: BVerwGE 60, 269, 273), erhält die Bedarfsplanung für die ambulante ärztliche Versorgung (§ 99 Abs. 1 SGB in Verbindung mit den „Richtlinien für die Bedarfsplanung sowie die Maßstäbe zur Feststellung der Überversorgung oder Unterversorgung in der vertragsärztlichen Versorgung - Bedarfsplanungs-Richtlinie-Ärzte") erst über die Anordnung von Zulassungsbeschränkungen beziehungsweise die Entscheidung über einen Zulassungsantrag regelnde Wirkung. Auch ist für den Marktzugang mancher Gesundheitsfachberufe eine besondere, staatlich reglementierte Qualifikation, zum Beispiel als Arzt, Physiotherapeut oder Altenpfleger, notwendig.

Die Rechtsprechung gesteht der Verwaltung bei der Planung medizinischer Versorgungsangebote grundsätzlich erhebliche Beurteilungsspielräume zu, die nur eingeschränkter gerichtlicher Kontrolle zugänglich sind. Zum Beispiel wird die Entscheidung der Landesbehörde, welches Krankenhaus den Zielen der Bedarfsplanung des jeweiligen Landes am besten gerecht wird, nur dahingehend geprüft, ob die Behörde von einem vollständig ermittelten Sachverhalt ausging, der Beurteilungsmaßstab zutreffend angewandt wurde und ob der Entscheidung sachfremde Erwägungen zugrunde lagen (zuletzt wieder BVerwG, Beschl. v. 12.2.2007, Az.: 3 B 77/06, Juris, zuvor bereits BVerwGE 72, 38/47; zur Bedarfsanalyse siehe z. B. auch VGH Baden-

---

[17] Zum Beispiel die Hill-Burton-Formel, die den Bedarf an stationären Versorgungskapazitäten ausgedrückt in Planbetten beschreibt: (Einwohnerzahl x Krankenhaushäufigkeit x Verweildauer)/(100.000 x Nutzungsgrad x 365/100).

Württemberg, Beschluss vom 12.07.2005, 9 S 240/05; Urteil vom 23.04.2002, 9 S 2124/00; Urteil vom 16.04.2002, 9 S 1586/01, jeweils Juris).

Einzelbetrieblich wird das Angebot an Leistungspotenzialen durch das jeweilige *Leistungsprogramm* beschrieben, also durch die Gesamtheit aller Dienstleistungen beziehungsweise Produkte und der auf sie bezogenen Mengen, die ein Medizinbetrieb in einem definierten Zeitraum anzubieten vermag.

5.1.3   Prozessorientierte Definition

Prozessorientiert definieren sich Gesundheitsleistungen als die im Bereich von Diagnostik, Therapie, Pflege und gegebenenfalls Hotelversorgung erbrachten Einzelleistungen (Output).

Um diese möglichst präzise abzubilden, müssen in der Kosten- und Leistungsrechnung die Leistungsportfolien der einzelnen Leistungsstellen (Organisationseinheiten) mithilfe entsprechender Leistungskataloge hinterlegt werden (Innensicht). Sie werden jedoch aus Praktikabilitätsgründen, insbesondere bei medizinischen Leistungsstellen, oftmals auf überbetriebliche abrechnungsrelevante Leistungsbündel (Außensicht) reduziert, um eine doppelte Verschlüsselung zu vermeiden. Eine solche Transformation führt zwangsläufig zu einer semantischen Verdichtung der Aussagen über das reale Leistungsgeschehen (Abb. 5.2); insoweit erbrachte Einzelleistungen nicht abrechnungsrelevant sind, sogar zu Verzerrungen.

Im Rahmen des Medizin-Controllings werden nicht nur die absoluten Kennzahlen über das Leistungsgeschehen betrachtet, sondern diese ins Verhältnis zu anderen

Bezugsgrößen gesetzt, zum Beispiel Darstellung der Leistungsmenge je Vollkraft, erbrachte Einzelleistungen pro Behandlungsfall.

Abbildung 5.2:   *Trichtermodell zur standardisierten Erfassung medizinbetrieblicher Einzel-leistungen*

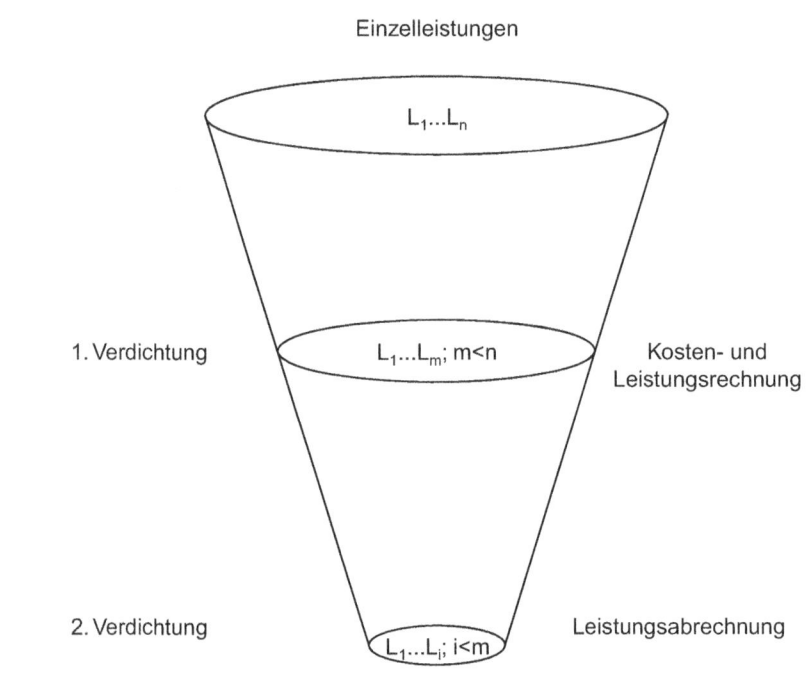

Einzelleistungen

$L_1...L_n$

1. Verdichtung $L_1...L_m$; m<n   Kosten- und Leistungsrechnung

2. Verdichtung $L_1...L_i$; i<m   Leistungsabrechnung

5.1.4   Ergebnisorientierte Definition

Versteht man die Produktion von Gesundheitsleistungen betriebswirtschaftlich als einen durch den dispositiven Faktor geplanten und gesteuerten Faktorkombinations-prozess, dann besteht das angestrebte Leistungsergebnis in der erbrachten Gesundheitsleistung (Outcome) oder bei gesamtwirtschaftlicher Betrachtung in der Bildung von Gesundheitskapital (Impact).

Infolge der Immaterialität der Gesundheitsleistung besteht jedoch das zentrale Problem des ergebnisorientierten Definitionsansatzes darin, das eigentliche *„Produkt"* der medizinbetrieblichen Leistungserstellung zu beschreiben.

Hilfsweise werden daher in der medizinbetrieblichen Praxis die von einem Medizinbetrieb betreuten Fälle nach leistungsbezogenen Entitäten (Diagnosen, Prozeduren, Pflegestufen) klassifiziert. Der Geltungsbereich diesbezüglicher Klassifikationssysteme kann dabei einzelbetrieblich, zum Beispiel nur für einzelne Versorgungsbereiche (z. B. Chirurgie stationär) oder Leistungsfälle (z. B. Selbstzahler) oder, insbesondere aus Gründen der Vergleichbarkeit, überbetrieblich vereinbart werden; so zum Beispiel die Internationale Klassifikation der Krankheiten (ICD), der Operations- und Prozedurenschlüssel (OPS) oder das für die Abrechnung stationärer Krankenhausleistungen in Deutschland geltende G-DRG-System, das eine Einordnung der Behandlungsfälle in klinisch und ökonomisch möglichst homogene Gruppen unterstützt.

Eine besondere semantische Bedeutung kommt dabei auch den Preislisten zu, die zur Implementierung eines Vergütungsmodells notwendig sind (Abb. 5.3). Im *Vergütungsmodell* werden die Rahmenbedingungen und die grundlegenden Definitionen eines Vergütungssystems hinterlegt. Die *Preisliste* ist der eigentliche Tarif. Er besteht aus den Produktbeschreibungen und deren Preisen. Wie Abbildung 5.3 andeutet, gehört zu jeder *Produktbeschreibung* eine (abrechnungsrelevante) Leistungsdefinition, die, abhängig von der Entgeltform, entweder als Einzelleistung, als Leistungskomplex oder pauschaliert beschrieben ist und dem Kostenträger in Rechnung gestellt werden kann (siehe dazu näher Tab. 5.1). Zusätzlich müssen in der Produktbeschreibung auch die zeitlichen Maßeinheiten (Behandlungseinheiten) definiert sein. Die zwischen den

Leistungsanbietern (Medizinbetrieben) und Leistungseinkäufern (Versicherern) ausgehandelten *Preise* stellen die Verknüpfung zwischen den Produktbeschreibungen und den vereinbarten Kalkulationsmethoden zur Tarifierung, also zur Preisfindung dar.

Abbildung 5.3: *Komponenten medizinbetrieblicher Vergütungsmodelle in Anlehnung an Fischer (1999), Seite 5*

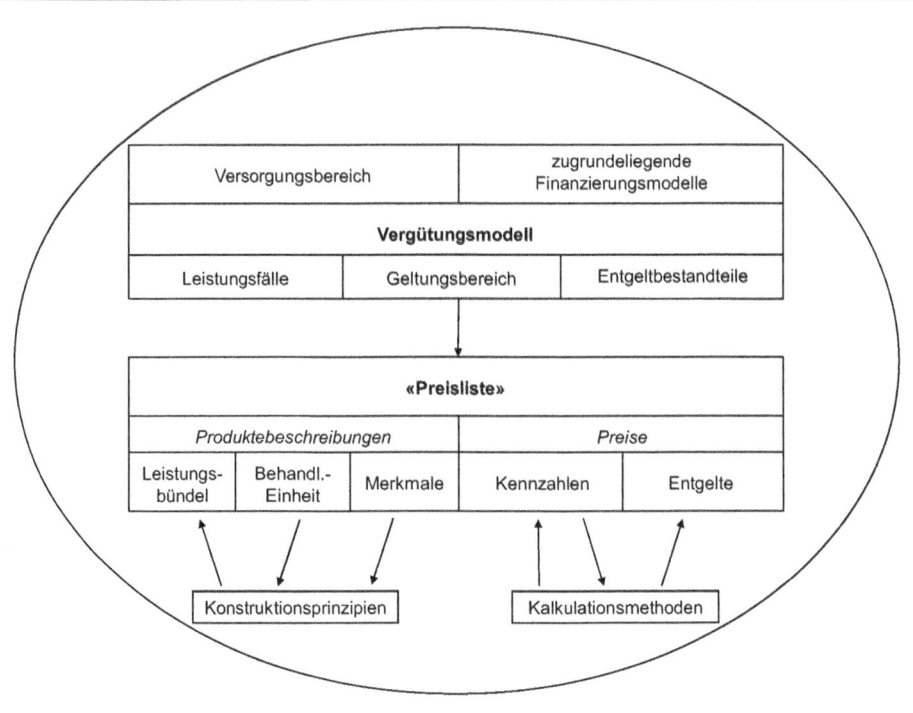

Tabelle 5.1:   *Entgeltformen für Gesundheitsleistungen*

- **Einzelleistungsvergütung**: Für jede einzelne Leistung, die am Patienten erbracht wurde, erhält der Leistungserbringer eine bestimmte Vergütung; zum Beispiel die Gebührenordnung Ärzte (GOÄ) zur Vergütung ambulanter Leistungen.

- **Leistungskomplex**: Die für die Behandlung eines Falles notwendigen Leistungen werden zu Leistungskomplexen zusammengefasst und pauschal vergütet. Die Pauschalvergütung wird dabei zwischen den überbetrieblichen beteiligten Leistungserbringern aufgeteilt.

- **Tagespauschale**: Der Leistungserbringer erhält pro Tag eines stationären Aufenthalts eine Pauschale; zum Beispiel den nach einer Pflegestufe oder einer Hilfebedarfsgruppe differenzierten Pflegesatz.

- **Fallpauschale**: Der Leistungserbringer erhält für jeden behandelten Fall eine Pauschale. Die Pauschale kann nach dem vorhersehbaren Aufwand differenziert werden, also nach Alter, Krankheitsschwere, Risikofaktoren, Komplikationen, Komorbiditäten sowie Zu- und Abschläge berücksichtigen; zum Beispiel G-DRG-System, eine quartalsbezogene Vergütung für einen von der psychiatrischen Institutsambulanz behandelten Patienten.

5.2 Kundenzufriedenheit

„Kunden" sind diejenigen Personen und Organisationen, die medizinbetriebliche Leistungen nachfragen beziehungsweise in Anspruch nehmen, also Patienten[18], Angehörige, Aus- und Weiterzubildende und Zuweiser. Deren Zufriedenheit gilt, auch nach dem EFQM-Modell, als ein Outcome-Kriterium für medizinbetriebliche Exzellenz.

Erste Aufschlüsse zur Kundenzufriedenheit gibt die medizinbetriebliche „*Lob-Tadel-Statistik*" beziehungsweise das Beschwerdemanagement, systematische Hinweise eine kontinuierlich oder periodisch durchgeführte mündliche oder schriftliche Befragung (Mayer, 2008) der entsprechenden Kundengruppen (Tab. 5.2).

Tabelle 5.2:   *Items zur Erfassung der Patientenzufriedenheit in der stationären Versorgungssituation*

- Verhalten des Personals
- Achtung der Patientenautonomie
- Informationsverhalten/Aufklärung des Patienten
- Wahlleistungs- und Zusatzangebote
- Behandlungsdauer und -struktur
- Stationsregeln
- Einbezug der Angehörigen
- Räumliches Angebot
- Einrichtung und Ausstattung

---

[18] Insofern die Erbringung von Gesundheitsleistungen ihren (monetären) Preis hat und Ärzte und andere Leistungserbringer darüber ihr Einkommen erwerben, war und ist der Patient im ökonomischen Sinn Kunde. Allerdings ist die Position der Patienten im Gesundheitsmarkt nur rudimentär mit der eines Kunden auf dem regulären Warenmarkt gleichzusetzen. Bedingt ist dieser Umstand neben dem besonderen Charakter des Gutes Gesundheit durch die Informationsasymmetrie zwischen Professionellen und Patienten, durch die Abhängigkeiten zwischen Anbietern und Nachfragern, durch den Mangel an echten Wahlmöglichkeiten und durch die Tatsache, dass die Patienten die Kosten ihrer Nachfrage oftmals nicht direkt zu tragen haben.

- Sauberkeit

- Speisenversorgung

- Leitsystem (Beschilderung)

- Besuchszeiten

- Case Management, auch in Bezug zur Nach- und Weiterbehandlung

- Subjektive Befindlichkeit beim Behandlungsabschluss

- Wiederwahl des Medizinbetriebes

5.3 Mitarbeiterzufriedenheit

Mitarbeiterzufriedenheit ist – bezogen auf die medizinbetriebliche Arbeitssituation – ein soziologisches Konstrukt, das sich aus Arbeitszufriedenheit und Sozialqualität zusammensetzt. Es lässt sich erfassen durch Mitarbeitergespräche, Mitarbeiterbefragungen und das medizinbetriebliche Beschwerdemanagement.

5.3.1 Arbeitszufriedenheit

Arbeitszufriedenheit validiert im weitesten Sinn die an den Bedürfnissen der Beschäftigten orientierte Gestaltung der Herzberg'schen Motivatoren und Hygienefaktoren (*Mitarbeiterorientierung*) anhand subjektiv von den Beschäftigten wahrgenommener, reflektierter und bewerteter Artefakte wie zum Beispiel die Arbeitsorganisation, die Flexibilität der Arbeitszeit, der ihnen eingeräumte Handlungs- und Entscheidungsspielraum, die Qualität des Be- und Entlohnungssystems oder die physische Arbeitsplatzumgebung. Da das Konstrukt Arbeitszufriedenheit in der Literatur sehr unterschiedlich operationalisiert wird, existiert zwangsläufig eine große Vielfalt an Messmethoden (z. B. von Rosenstiel, 2000; Schuler, 2004). Für den Anwendungsbereich Medizinbetriebe stehen zwischenzeitlich jedoch einige recht praktikable Fragebogeninstrumente beziehungsweise Skalen zur Verfügung, die auch einschlägige Moderato-renvariable (z. B. Vollzeit- oder Teilzeitbeschäftigung, Dauer der Betriebszugehörig-keit, Altersunterschiede, Ausbildungsstand und Leitungsebene) berücksichtigen (Ceus consulting, 2003).

5.3.2 Sozialqualität

Arbeit geschieht stets in einem sozialen Kontext. Wichtig für die Mitarbeiterzufrie-denheit ist daher auch die Sozialqualität, also die Qualität der sozialen Beziehungen. Aus der Sicht des Patienten gilt eine schlechte Sozialqualität als ein augenscheinliches Indiz für fachliche Unsicherheit und mangelnde Professionalität der Beschäftigten. Eine hohe Sozialqualität kann nach den bei von Eiff (2000) zu findenden empirischen Befunden auch als eine Voraussetzung dafür angesehen werden, dass Medizinbetriebe dauerhaft eine befriedigende Struktur-, Prozess- und Ergebnisqualität erreichen.

Relevante Indikatoren der Sozialqualität sind zum Beispiel der Umgang des Führen-den mit Initiativen, Ideen, Fehlern, Konflikten und Ressourcen sowie die Art und Weise, in der medizinbetriebliche Informations- und Entscheidungsprozesse ablaufen (Partizipationsgrad, zeitökonomische Ausgestaltung). Sozialqualität kann sich aber nicht nur auf die Führungsdyade, sondern auch auf die Qualität der sozialen Bezie-hungen der Beschäftigten untereinander beziehen. *Gruppenkohäsion* (Kehr, 2000) be-schreibt den Zusammenhalt und das Gemeinschaftsgefühl („Wir-Gefühl") von Be-schäftigten, insbesondere im Rahmen von (Arbeits-)Gruppen. Für die Bewertung der Gruppenkohäsion sind die von Gruppen entwickelten Normen und damit konformen Verhaltensweisen der Gruppenmitglieder relevant. Das von Organ (1988) eingeführte mehrdimensionale Konstrukt des *Organizational Citizenship Behaviour (OCB)*, das wört-lich mit „staatsbürgerlichem" Verhalten im organisationalen Kontext übersetzt werden könnte, vermag die beiden oben beschriebenen Aspekte zumindest im Ansatz operational darzustellen. Es lässt sich empirisch, mittels entsprechender Skalen (Podsakoff et al., 2000; Staufenbiel et al., 2000), durch fünf Dimensionen beschreiben:

- *Hilfsbereitschaft* („altruism") charakterisiert ein freiwillig und diskret praktiziertes Verhalten gegenüber Kollegen, Vorgesetzten, Patienten und Angehörigen, das deren Unterstützung bei Problemen dient. Dazu gehört zum Beispiel die freiwillige Unterstützung neuer oder überlasteter Kollegen.

- *Gewissenhaftigkeit* („conscientiousness") beschreibt ein über die formalen Anforderungen der Stelle hinausgehendes freiwilliges, pflichtbewusstes und gewissenhaftes Verhalten; zum Beispiel Pünktlichkeit, ein besonders sparsamer Umgang mit den Ressourcen des Medizinbetriebs.

- *Unkompliziertheit/Frustrationstoleranz* („sportsmanship") bezeichnet die Fähigkeit und Bereitschaft, vorübergehende Unannehmlichkeiten, Belastungen und Frustrationen ohne Klagen hinzunehmen und offen gegenüber organisationalen Veränderungen zu sein.

- *Rücksichtnahme* („courtesy") steht für ein umsichtiges, vorausschauendes, höfliches, unter Umständen unkonventionelles Verhalten, das dem Entstehen von Problemen mit Kollegen, aber auch Patienten entgegenwirkt; zum Beispiel die frühzeitige Bekanntgabe von Abwesenheit, aber auch das aktive Verhindern von Konflikten.

- *Eigeninitiative* („civic virtue") bedeutet ein im Sinne des Medizinbetriebs ausgeprägtes Engagement sowie die Teilnahme der Beschäftigten am „organisationalen Leben". Dazu gehört, dass man sich über den Medizinbetrieb informiert, fortbildet und sich um ein positives Image des Medizinbetriebs bemüht.

5.4   Systemrelevanz

Die regionale Bedeutung eines Medizinbetriebes im System der Gesundheits- und Gesamtwirtschaft rekurriert auf seine multiplen Rollen als medizinischer Dienstleistungsbetrieb, regionaler Wirtschaftsfaktor, Arbeitgeber, Aus- und Weiterbildungsstätte, Kulturförderer und Gesundheitsmanager (für die Beschäftigten). Anhaltspunkte zur Einschätzung der Systemrelevanz sind der Leistungsauftrag im Kontext entsprechender Leistungszahlen für die Vorhalteleistung und die Endkombination im Verhältnis zu regionalen Wettbewerbern.

5.5   Corporate Social Responsibility

Die soziale Verantwortung eines Medizinbetriebs in Bezug auf einen nachhaltigen Umgang mit den ökonomischen, ökologischen und sozialen Folgen der medizinbetrieblichen Wertschöpfung wird mit dem Begriff Corporate Social Responsibility umschrieben. Corporate Social Responsibility verpflichtet Medizinbetriebe dazu, nicht nur die ökonomischen, sondern auch die sozialen und ökologischen Perspektiven strategisch zu integrieren, also die sozialen, ökonomischen und ökologischen Folgen der medizinbetrieblichen Wertschöpfung zu erfassen und den Stakeholdern über die finanziellen Wirkungen der nicht finanziellen Leistungsindikatoren (z. B. Ressourcenverbrauch, Abfallaufkommen, Mitarbeiterfluktuation, Krankenstand, Betrugsfälle) zu berichten.[19]

---

[19] Die *Global Reporting Initiative* (GRI), die sich zum Ziel gesetzt hat, einen weltweit anwendbaren Leitfaden der Nachhaltigkeitsberichterstattung zu entwickeln und zu verbreiten, gibt dazu hilfreiche Empfehlungen (www.globalreporting.org).

Bestimmt die soziale Verantwortung (Corporate Social Responsibility) mit all ihren Facetten zusammen mit regulatorischen (Corporate Governance) und gesellschaftlichen Themen (Corporate Citizenship) das strategische Handeln im Medizinbetrieb, ist das Primat der nachhaltigen Unternehmensführung erfüllt (Abb. 5.4).

Abbildung 5.4:   *Aspekte nachhaltiger Unternehmensführung*

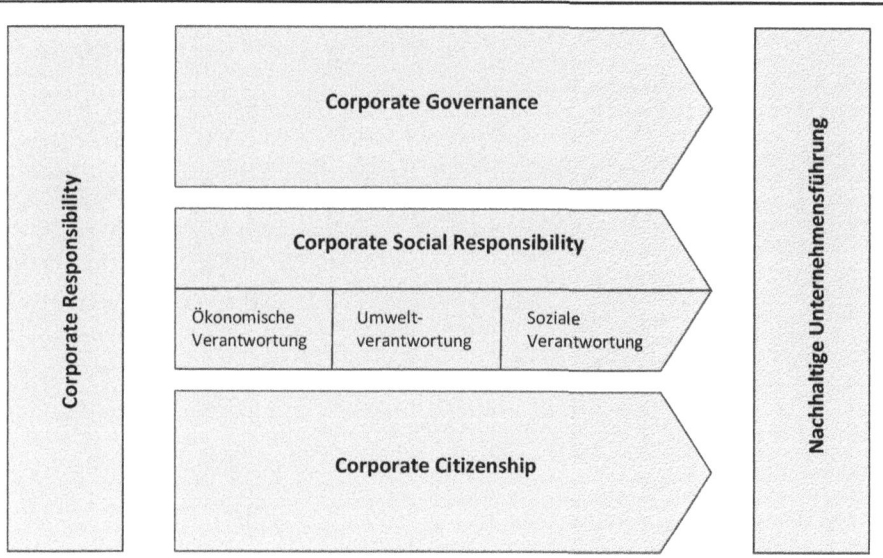

6 Anhang

6.1 Kernprozesse

Kernprozesse verkörpern den praktischen Vollzug der medizinbetrieblichen Zwecksetzung, also die auf ein konkretes Geschäftsfeld bezogenen Kernaktivitäten, die unmittelbar auf die Stiftung von Kundennutzen ausgerichtet sind.

Aufnahme/Verlegung/Entlassung umschließt alle administrativen Aufgaben, die mit der Aufnahme, Verlegung und Entlassung eines Patienten in einem Medizinbetrieb verbunden sind.

Ausbildung umfasst alle Leistungen, die der Aus-, Fort- und Weiterbildung von Angehörigen der Gesundheitsfachberufe dienen, insoweit diese vom Medizinbetrieb erbracht oder organisiert werden.

Diagnostik umfasst das methodische Vorgehen zur Stellung einer Diagnose mit der sich daraus ergebenden Therapie; in der Regel Anamnese, körperliche Untersuchung, Routinelaboruntersuchungen, gezielte medizinisch-technische Untersuchungen.

Hotelversorgung berücksichtigt alle medizinbetrieblichen Leistungen im Zusammenhang mit der Unterkunft und Verpflegung eines Patienten.

Lehre und Forschung umfasst die Vermittlung wissenschaftlicher Methoden und Ergebnisse an Studierende sowie die wissenschaftliche Auseinandersetzung mit Problemen der Grundlagen- und angewandten Forschung bezogen auf ein wissenschaftliches Fachgebiet.

Pflege umfasst die Gesamtheit pflegerischer Tätigkeiten, die der Grund- und Behandlungspflege eines Patienten dienen einschließlich aller damit arbeitsorganisatorisch untrennbar verbundenen administrativen und hauswirtschaftlichen Tätigkeiten.

Seelsorge umfasst das gesamte Spektrum spiritueller Leistungen im Zusammenhang mit der seelsorgerischen Betreuung eines Patienten.

Soziale Fürsorge umfasst alle Aktivitäten zur fürsorglichen Betreuung eines Patienten im Medizinbetrieb sowie dessen Information und Beratung in sozialrechtlichen Fragen (z. B. Versicherungs- und Geldangelegenheiten, Wohnen, Arbeiten).

Therapie umfasst alle Maßnahmen zur Behandlung einer Krankheit. Man unterscheidet diätetische, krankengymnastische, balneologische, medikamentöse, apparative, operative, physikalische Therapien; ferner Kurbehandlungen, Psychotherapie, Familientherapie, Soziotherapie.

6.2 Unterstützungsprozesse

Unterstützungsprozesse dienen der Bereitstellung der Infrastruktur und der Erbringung interner Dienstleistungen, die für einen effektiven und effizienten operativen Vollzug der medizinbetrieblichen Kernprozesse notwendig sind.

Controlling hat die laufende Abstimmung von Planung als Festlegung von (Teil-)Zielen und Zielerreichungsmaßnahmen im Rahmen einer vorzugebenden Zielsetzung und von Kontrolle als Gegenüberstellung von Plan-Soll und realisierter Ist-Situation zum Inhalt. Eine Abweichungsanalyse als Ursachenforschung und Gegensteuerungsmaßnahmen sowie die Gestaltung von Controllingsystemen für die betriebliche Führung sind weitere Bestandteile des Controllings.

Finanzmanagement umfasst die finanzielle Führung des Medizinbetriebes, das heißt alle Finanz- und Investitionsentscheidungen zur zielgerichteten, situationsgemäßen Planung, Steuerung und Kontrolle aller betrieblichen Zahlungsströme unter Beachtung von Liquidität, Stabilität und Rentabilität.

Informationsmanagement umfasst die zielorientierte Gestaltung des Produktionsfaktors „Information" im Medizinbetrieb (Information Resource Management), das heißt die Planung, Organisation und Kontrolle des Informatikeinsatzes der einzelnen (computergestützten) Informationssysteme und der Informatik-Infrastruktur unter Beachtung des ökonomischen Prinzips.

Marketing/Öffentlichkeitsarbeit umfasst sämtliche zur konsequenten Ausrichtung der strategischen Geschäfte eines Medizinbetriebes an den Bedürfnissen des Gesundheitsmarktes notwendigen Aktivitäten; zum Beispiel Erkennen von Marktveränderungen und Bedürfnisverschiebungen, Identifikation von Möglichkeiten zur Nutzensteigerung, Erarbeitung von Marketingstrategien, die operativ insbesondere mithilfe der Öffentlichkeitsarbeit umgesetzt werden.

Materialmanagement umfasst alle Aktivitäten der Beschaffung, Lagerung und Verteilung von Gebrauchs- und Verbrauchsgütern im Medizinbetrieb.

Personalmanagement umschließt im weitesten Sinne alle Aktivitäten, die mit der Bereitstellung, dem Einsatz, der Entwicklung und der Entlohnung von Mitarbeitern im Medizinbetrieb verbunden sind.

Qualitätsmanagement umfasst alle diejenigen Tätigkeiten, „die im Rahmen des Qualitätsmanagementsystems die Qualitätspolitik, die Qualitätsziele und die Verantwortungen festlegen sowie diese durch Qualitätsplanung, Qualitätslenkung, Qualitätssicherung und Qualitätsverbesserung verwirklichen" (DIN EN ISO Norm 8402). Dies gilt insbesondere in Bezug auf die gesetzlichen und professionellen Vorgaben zur Sicherung und Weiterentwicklung der Qualität erbrachter Gesundheitsleistungen, die Beteiligung an überbetrieblichen Qualitätssicherungsprogrammen, die Erstellung eines Qualitätsberichts und eine (freiwillige) Qualitätszertifizierung.

Ressourcenmanagement umfasst die zielorientierte Planung, Bereitstellung und Entwicklung von Gebrauchsgütern im Medizinbetrieb. Dazu zählen im Einzelnen die baulichen Anlagen, die Gebäudetechnik, die Medizintechnik, die Informatik und die sicherheitstechnischen Anlagen.

Risikomanagement umfasst die Gesamtheit aller Maßnahmen zur Vermeidung, Minimierung und Steuerung interner und externer Risiken für den Medizinbetrieb.

Sicherheits- und Umweltmanagement hat zum einen die Planung, Steuerung und Kontrolle der Sicherheit im Medizinbetrieb, zum anderen die Umsetzung und interne Kontrolle der gesetzlichen Anforderungen zum Inhalt.

Glossar[20]

Anbieter: im Gesundheitssystem zur Ausübung der Heilkunde Berechtigte, Angehörige von Gesundheitsfachberufen und Wirtschaftssubjekte, die unmittelbar Gesundheitsleistungen* für Verbraucher* erbringen.

Arztvertrag: der zwischen Arzt und Patient geschlossene Dienstvertrag im Sinne der §§ 611 ff. BGB über die Durchführung einer ärztlichen Untersuchung und/oder Behandlung; schließt eine Reihe vertraglicher Nebenpflichten wie zum Beispiel Aufklärungs-, Sorgfalts-, Melde- und Dokumentationspflicht ein. Der Inhalt des Arztvertrages bestimmt sich nach Art der Erkrankung und den zur fachgerechten Bemühung um die Heilung indizierten ärztlichen Maßnahmen.

---

[20] Zur Sicherung des Kontinuitätsprinzips wurden einige der im Glossar aufgeführten Definitionen (zum Teil in gekürzter Form) dem vom Verfasser herausgegebenen *Lexikon Medizinmanagement* (2008a) entnommen.

Audit: die systematische, unabhängige Prüfung von Produkten, Verfahren, Systemen durch betriebsfremde Personen beziehungsweise Stellen; zum Beispiel im Rahmen einer Zertifizierung*.

Aufgabenstruktur: Struktur, die sich bei der arbeitsteiligen Zuordnung von medizinbetrieblichen Aufgaben zu Organisationseinheiten ergibt.

Balanced Scorecard: Abk. BSC; wörtlich „ausgewogener Berichtsbogen". Die BSC geht auf Arbeiten von Kaplan und Norton zurück und ist ein ganzheitlich orientiertes, ziel- und kennzahlenbasiertes Führungsinstrument zur Ausrichtung einer Organisation an ihren strategischen Zielen. Dazu werden die Ziele aus verschiedenen Perspektiven betrachtet (z. B. Finanzen, Kunden, interne Prozesse, Potenziale). Für jede der Perspektiven werden Kennzahlen definiert, um die Erreichung der strategischen Ziele zu messen und gegebenenfalls durch korrigierende Maßnahmen zu steuern.

Behandlungspfad: syn. Patientenpfad; (evidenzbasiertes) Prozessdesign für die Behandlung einer medizinischen Problemkategorie nach qualitativen, zeitlichen und wirtschaftlichen Gesichtspunkten (Referenzprozess). Das für den konkreten Behandlungsfall individualisierbare Prozessdesign legt wiederum Art, Reihenfolge, Zeitpunkt und Umfang der einzelnen Leistungen fest. Behandlungspfade können medizinbetrieblich oder überbetrieblich definiert werden.

Behandlungsvertrag: ein Dienstvertrag nach § 611 BGB, der bei Inanspruchnahme ambulanter Leistungen als Arztvertrag* und bei teilstationärer oder stationärer Behandlung als Krankenhausaufnahmevertrag* zwischen Patient und Leistungserbringer abgeschlossen wird.

Betrieb: planvoll organisierte Wirtschaftseinheit. Nach Art der betrieblichen Leistung werden Betriebe der Sachgüterproduktion und der Dienstleistungsproduktion unterschieden. Medizinbetriebe* zählen zur Gruppe der (kundenpräsenzbedingten) Dienstleistungsbetriebe.

Betriebsklima: Grad der Übereinstimmung zwischen den Erwartungen und Bedürfnissen der Beschäftigten und der Arbeitsatmosphäre im Medizinbetrieb.

Betroffener: im Datenschutzrecht (§ 3 Abs. 1 BDSG und den entsprechenden Regelungen in den Landesdatenschutzgesetzen) eine bestimmte oder bestimmbare natürliche Person, zu der Einzelangaben über persönliche oder sachliche Verhältnisse verarbeitet werden.

Bewohner: Pflegebedürftiger, der längere Zeit in einer Pflegeeinrichtung verbleibt.

biophil: am menschlichen Individuum orientiert.

Biophiles Medizinmanagement: Handlungssphäre des dispositiven* Faktors; schließt jede (versuchte) sozial akzeptierte Beeinflussung der Einstellungen und des Verhaltens von Beschäftigten in Medizinbetrieben oder von Patienten mit dem Zweck ein, bestimmte Organisationsziele (Personalführung) oder bestimmte individuelle Behandlungsziele oder kollektive Ziele der Gesundheitsversorgung zu erreichen (Patientenführung).

Case Management: kooperativer Prozess, durch den die für einen Patienten, entsprechend seinem individuellen Hilfebedarf, notwendigen Versorgungsleistungen durch einen verantwortlichen Fallmanager (Case Manager) prospektiv und behandlungsepisodenübergreifend geplant, implementiert, koordiniert, überwacht und evaluiert werden. Im Unterschied zum Disease Management bezieht sich Case Management auf den einzelnen Patienten.

CEO: Abk. für engl. Chief Executive Officer; Person, die in einem Medizinbetrieb die Geschäftsführungsfunktion entweder allein (Singularinstanz) oder als Vorsitzender einer Pluralinstanz wahrnimmt.

Change Management: bezogen auf ein Ausgangssystem die zielorientierte Gestaltung eines Transformationsprozesses. Die Herausforderung liegt dabei in einer schnellen, reibungslosen, akzeptierten und erfolgreichen Transformation betrieblicher Strukturen, Strategien und (sofern dies möglich ist) Kulturen. Der Bedarf für Change Management ergibt sich bei Medizinbetrieben aus drei Gründen: (1) Als offene, soziotechnische Dienstleistungssysteme sind Medizinbetriebe ständig von Veränderungen ihrer komplexen, sich diskontinuierlich entwickelnden Umwelt betroffen, da sie sich in einem permanenten Wandel an neue Bedingungen anpassen müssen (Adaptionsproblem); (2) Innovationen sollen planmäßig und in organisierter Weise als bestandserhaltende und entwicklungsfördernde Mittel eingesetzt werden (Innovationsproblem); (3) Änderungen außerbetrieblicher und medizinbetrieblicher Bestimmungsgrößen können Unternehmenskrisen auslösen, denen begegnet werden muss (Sanierungsproblem). Es kann grundsätzlich ein antizipatives oder ein reaktives Vorgehen gewählt werden.

CIRS: Abk. für Critical* Incident Reporting System.

Corporate Governance: rechtlicher und faktischer Ordnungsrahmen für die Überwachung und Leitung eines (Medizin-)Betriebes.

Corporate Identity: ganzheitliches Konzept für das Erscheinungsbild eines (Medizin-) Betriebes, wie es von innen und außen wahrgenommen werden soll. Das Konzept zielt darauf ab, die (medizin-)betriebliche Identität durch aufeinander abgestimmte Artefakte und Symbole zu unterstützen.

Corporate Social Responsibility: die unternehmensbezogene Verantwortung in Bezug auf die sozialen, ökonomischen und ökologischen Folgen der (medizin-)betrieblichen Wertschöpfung.

Critical Incident Reporting System: Medizinische Risiken können mithilfe von Critical Incident Reporting Systemen (Abk. CIRS) detektiert werden. Ein CIRS nimmt (anonyme) Meldungen über Beinahe-Zwischenfälle ohne Schaden und Meldungen über medizinische Zwischenfälle (Fehler) mit Schaden oder Regressansprüchen entgegen und wertet diese statistisch aus.

deontologisch: Handeln oder Verhalten von Beschäftigten im Medizinbetrieb, das sich auf biophile Grundorientierungen des Wertesystems beruft; vgl. teleologisch.

Dignität: bezogen auf die Erbringung von Gesundheitsleistungen* die Forderung, dass der Arzt (Leistungserbringer) über die für die Erbringung der konkreten Gesundheitsleistung erforderlichen persönlichen, fachlichen und sächlichen (apparativen) Voraussetzungen verfügen muss.

Dispositiver Faktor: von Gutenberg (1979) eingeführter syn. Begriff für das institutionelle Management eines Unternehmens; bezeichnet diejenigen Organe und Instanzen einer medizinbetrieblichen Organisationsstruktur, die aufgrund rechtlicher oder organisatorischer Regelungen gegenüber nachgeordneten Instanzen Entscheidungs- und Weisungsbefugnis besitzen.

EFQM-Modell: Unternehmensmodell zur Erzielung nachhaltiger Exzellenz (s. Abb. G.1).

Abbildung G.1:   *Das EFQM-Modell für betriebliche Exzellenz*
(Quelle: www.deutsche-efqm.de)

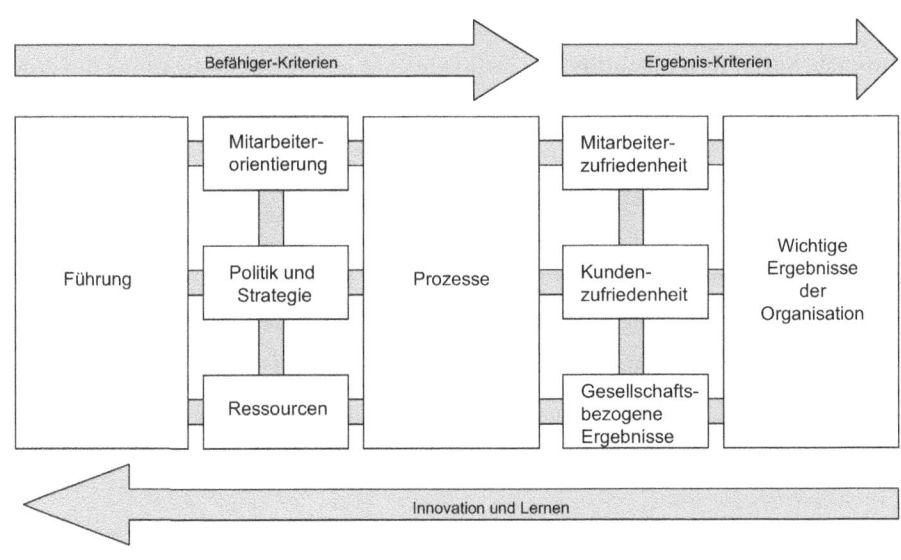

Das Modell definiert Exzellenz als überragende Vorgehensweise in der Führung einer Organisation und beim Erzielen von Ergebnissen, basierend auf Grundkonzepten der Exzellenz wie Ergebnisorientierung, Ausrichtung auf den Kunden, Führung und Zielkonsequenz, Management mittels Fakten und Prozessen, Mitarbeiterentwicklung und -beteiligung, kontinuierliches Lernen, Innovation und Verbesserung, Entwicklung von Partnerschaften, soziale Verantwortung. Das EFQM-Modell unterscheidet neun Kriterien, die wiederum in fünf Befähiger-Kriterien (Führung, Politik & Strategie, Mitarbeiterorientierung, Ressourcen, Prozesse) und vier Ergebnis-Kriterien (Kundenzufriedenheit, Mitarbeiterzufriedenheit, gesellschaftsbezogene Ergebnisse, wichtige Ergebnisse der Organisation) eingeteilt sind.

Empfehlungen: in der Medizin Ratschläge von Institutionen oder Experten für die Gesundheitsversorgung auf der Basis einer bestehenden Rechtsgrundlage oder der aktuellen wissenschaftlichen Erkenntnisse. Eine bereits in Fachkreisen konsentierte Empfehlung stellt häufig die Vorstufe einer Leit*- beziehungsweise Richtlinie* dar. Obwohl Empfehlungen einen wesentlich geringeren normativen Charakter haben als Leit- oder Richtlinien, kann das Nichteinhalten unter Umständen – je nach Breite des erzielten Konsenses beziehungsweise der Angesehenheit einzelner Experten - auch forensische Konsequenzen haben (BÄK, 2006).

Endkombination: s. Vorkombination

Erfahrungsobjekt: Ausschnitt der realen Welt auf den sich das Interesse eines wissenschaftlichen Fachgebietes richtet. Erfahrungsobjekt des Fachgebietes Medizinmanagement ist die institutionalisierte Medizin oder das Gesundheitssystem* als Ganzes.

Erkenntnisobjekte: die aus dem Erfahrungsobjekt* einer Wissenschaft aspektrelativ abstrahierten Objekte, die Gegenstand des Erklärens und Gestaltens sind. Erkenntnisobjekte des Fachgebietes Medizinmanagement sind Wirtschaftssubjekte, die Gesundheitsleistungen* erbringen (Medizinbetriebe*).

Evidenzbasierte Medizin: nach Sackett et al. (2000) der gewissenhafte, ausdrückliche und vernünftige Gebrauch der gegenwärtig besten, externen wissenschaftlichen Evidenz für Entscheidungen in der medizinischen Versorgung individueller Patienten. Die methodischen Grundlagen der evidenzbasierten Medizin sind aus der klinischen Epidemiologie abgeleitet.

Faktor: syn. für Produktionsfaktor*.

Faktorkombination: in der Betriebswirtschaftslehre die durch den dispositiven* Faktor gelenkte Kombination interner und externer Produktionsfaktoren* mit dem Ziel der Erstellung eines neuen Gutes; zum Beispiel einer Gesundheitsleistung.

Fertigungstiefe: gibt an, welchen Anteil der gesamten Wertschöpfungskette die eigene Unternehmung abdeckt.

Fraktale Organisationsstruktur: In Anlehnung an die von Mandelbrot (1991) begründete Theorie der fraktalen Geometrie und seine Untersuchungen zur Geometrie komplexer natürlicher Phänomene bezeichnete Warnecke (1992) selbstähnliche Organisationseinheiten als Fraktale. Eine Organisationsstruktur ist fraktal, wenn sie sich aus selbstständig agierenden, ergebnisverantwortlichen und in ihrer Zielausrichtung selbstähnlichen Organisationseinheiten (Fraktalen) zusammensetzt. Das Potenzial der fraktalen Organisationsstruktur liegt in einer neuen Qualität der Führung und Arbeitsorganisation. Fraktale übernehmen (innerhalb ihres Aufgabenbereichs) Ausführungs- und Ergebnisverantwortung, das bedeutet, sie sind selbst für die Qualität und Ökonomie des realisierten betrieblichen Wertschöpfungsprozesses (mit)verantwortlich. Die fraktale Organisationsstruktur zeichnet sich durch Selbstorganisation und Selbstoptimierung in kleinen schnellen Regelkreisen aus. Fraktal organisierte Medizinbetriebe können Komplexität besser bewältigen und sich schnell (und proaktiv) veränderten Rahmenbedingungen anpassen.

Führungsebene: syn. für Leitungsebene*.

Führungskraft: eine Person, der vom Vertreter des Leitungsorgans* Führungsverantwortung übertragen ist.

Funktionelles Management: in Abgrenzung zum institutionellen* Management die Realisierung der sachbezogenen und/oder personenbezogenen Führungsfunktionen.

Geschäft: s. strategisches Geschäft

Geschäftsmodell: beschreibt die Geschäftsstrategie, also die Art und Weise, wie ein Medizinbetrieb, bezogen auf ein strategisches* Geschäft im Gesundheitsmarkt, Werte schafft oder künftig schaffen will.

Geschäftsportfolio: die Menge der von einem Medizinbetrieb angebotenen strategischen* Geschäfte; entsteht bei der strategischen Segmentierung.

Geschäftsstrategie: s. Geschäftsmodell

Gesundheit: die Fähigkeit eines biologischen Systems, Störungen zu beseitigen oder auszugleichen; nach der Charta der Weltgesundheitsorganisation (1946) ein Zustand vollkommenen körperlichen, geistigen und sozialen Wohlbefindens und nicht allein das Fehlen von Krankheit* und Gebrechen.

Gesundheitsleistungen: Inputs zur Verbesserung, Erhaltung oder Wiederherstellung der individuellen oder kollektiven Gesundheit, die von Verbrauchern* nachgefragt und von Anbietern* im Gesundheitswesen erbracht werden. **1.** Dienstleistungsökonomisch sind Gesundheitsleistungen das immaterielle Ergebnis medizinbetrieblicher Faktorkombinationsprozesse. Im Unterschied zum Outcome bei der Sachgüterproduktion sind Gesundheitsleistungen wegen ihrer Immaterialität weder lager- noch transportfähig. Die Nichtlagerfähigkeit einer Gesundheitsleistung bedeutet, dass der Patient diese nur in dem Moment in Anspruch nehmen kann, in dem sie produziert wird.

Die Nichttransportfähigkeit einer Gesundheitsleistung geht davon aus, dass diese an keinem anderen Ort konsumiert werden kann als an dem ihrer Erstellung. Leistungserstellung (Produktion) und Leistungsnutzen (Konsumption der Gesundheitsleistung als Leistungsabsatz) vollziehen sich mithin „Uno-actu", also simultan. Infolgedessen umfasst die Gesundheitsleistungsproduktion nicht nur die Erstellung der konkreten Gesundheitsleistung (Endkombination), sondern auch die Herstellung und Vorhaltung einer nach dem betrieblichen Leistungsprogramm definierten Leistungsbereitschaft (Vorkombination); **2.** (Sozial-)versicherungsrechtlich ist die Gesundheitsleistung eine Versicherungsleistung, abhängig vom jeweiligen Geltungsbereich auf den sich der Leistungsbegriff bezieht.

Gesundheitsleistungsproduktion: die sich in Medizinbetrieben* vollziehende, durch Menschen veranlasste und gelenkte Kombination interner und externer Produktionsfaktoren* mit dem Ziel der Erbringung von Gesundheitsleistungen* zur unmittelbaren Befriedigung eines individuellen oder kollektiven Bedarfs.

Gesundheitssektor: Der Aufgabenvielfalt und dem Ablauf des Gesamtbereichs der medizinischen und pflegerischen Versorgung einer Bevölkerung folgend, gliedert sich das Gesundheitssystem* in vier Gesundheitssektoren: ambulante medizinische Versorgung, stationäre medizinische Versorgung, soziale gesundheitliche Hilfe, Öffentlicher Gesundheitsdienst.

Gesundheitssystem: sozio-technisches System, das der Förderung, Erhaltung oder Wiederherstellung der Gesundheit dient. Unabhängig von der institutionellen Ausgestaltung eines Gesundheitssystems unterscheidet die Gesundheitsökonomie Verbraucher*, Anbieter*, Träger* und Produzenten* von Gesundheitsleistungen*. Zwischen ihnen bestehen wegen der Beschaffung und dem Absatz von Gütern zahlreiche informationelle, organisatorische, logistische, ökonomische und rechtliche Beziehungen, also komplexe Netzwerkstrukturen.

Gruppenkohäsion: Zusammenhalt und Gemeinschaftsgefühl einer Gruppe („Wir-Gefühl"). Für die Bewertung der Gruppenkohäsion sind die von Gruppen entwickelten Normen und damit konformen Verhaltensweisen der Gruppenmitglieder relevant.

Holding: Dachgesellschaft, die eine Kapitalbeteiligung an mehreren rechtlich und organisatorisch selbstständigen Tochterunternehmen hält; koordiniert in der Regel die Geschäftspolitik der Tochterunternehmen im Konzerninteresse. Dazu lagern die Tochterunternehmen einen Teil ihrer Unterstützungsprozesse an die Dachgesellschaft aus.

ifm: Abk. für Institut* für Medizinmanagement.

Insourcing: das Eingliedern zuvor ausgelagerter (externalisierter) Teile des betrieblichen Wertschöpfungsprozesses in diesen; erhöht die Fertigungstiefe. Gegensatz: Outsourcing*.

Instanz: aufbauorganisatorisch eine Stelle* mit Weisungs- und Entscheidungsbefugnis; auch als Leitungsstelle bezeichnet.

Institut für Medizinmanagement: Abk. ifm; eine universitätsnahe Einrichtung, die Leistungen der Forschung, Lehre und Beratung im Bereich der Anwendung der Managementlehre in Medizinbetrieben* erbringt. Das auftragsfinanzierte Institut verfolgt einen interdisziplinären wissenschaftlichen Ansatz unter Einbeziehung medizinischer, wirtschaftswissenschaftlicher und gesundheitswissenschaftlicher Aspekte. Das ZfP Reichenau – Akademisches Lehrkrankenhaus der Universität Konstanz als Institutsträger sowie eine umfangreiche Beratungstätigkeit sichern einen nachhaltigen Praxisbezug der ifm Forschung und Lehre (www.medizinmanagement-ifm.de).

Institutionalisierte Medizin: syn. für Gesundheitssystem*.

Institutionelles Management: die nach der Unternehmensverfassung* bestellten Organvertreter und Führungskräfte, denen im Weg der Delegation dispositive Aufgaben übertragen sind.

Inzidenz: syn. Neuerkrankungsziffer; Häufigkeit des Neuauftretens einer bestimmten Krankheit in einer Population in einem standardisierten Zeitraum, zum Beispiel in einem Jahr.

Krankenhausaufnahmevertrag: auch Krankenhausbehandlungsvertrag; (Dienst)Vertrag im Sinne des § 611 BGB über die Durchführung einer teil- oder vollstationären Behandlung. Nach den unterschiedlichen Rechtsbeziehungen zwischen Krankenhausträger, Arzt und Patient bei der Ausgestaltung eines Krankenhausaufnahmevertrages haben sich in der Praxis drei Vertragstypen herausgebildet: der totale Krankenhausaufnahmevertrag, der gespaltene Krankenhausaufnahmevertrag und der totale Krankenhausaufnahmevertrag mit Arztzusatzvertrag.

Krankheit: Dem Krankheitsbegriff werden medizinisch, soziokulturell, sozialrechtlich und subjektiv unterschiedliche semantische Akzente zugeordnet. Im Sozialrecht wird der Krankheitsbegriff juristisch definiert, das heißt, es wird auf den jeweiligen Normzweck oder Regelungsbereich abgestellt; 1. in der gesetzlichen Krankenversicherung ist Krankheit ein regelwidriger Körper- oder Geisteszustand, der Behandlungsbedürftigkeit und zugleich oder ausschließlich eine Arbeitsunfähigkeit zur Folge hat; 2. im Rentenversicherungsrecht ein regelwidriger Körper- oder Geisteszustand, bei dem es jedoch, anders als im Krankenversicherungsrecht, nicht erforderlich ist, dass Behandlungsbedürftigkeit und/oder Arbeitsunfähigkeit vorliegt. Entscheidend ist allein, dass der regelwidrige Körper- oder Geisteszustand eine Minderung der Erwerbsfähigkeit zur Folge hat; **3.** im Arbeitsrecht versteht man unter Krankheit einen regelwidrigen Körper- oder Geisteszustand, der die Fähigkeit des Arbeitnehmers aufhebt, seine ihm vertragsmäßig obliegende oder eine dieser vergleichbare Arbeit zu verrichten; bloße Behandlungsbedürftigkeit ist im Gegensatz zum krankenversicherungsrechtlichen Krankheitsbegriff nicht ausreichend; **4.** im Strafrecht versteht man unter Krankheit im Sinne des Straftatbestandes der Aussetzung (§ 221 Abs. 1 StGB), weitergehend als in der gesetzlichen Krankenversicherung, jeden pathologischen Zustand. Danach können auch Bewusstlosigkeit oder starke Berauschung ebenso wie der Geburtsakt als Krankheit angesehen werden. Eine die Schuldfähigkeit ausschließende „krankhafte seelische Störung" im Sinne des § 20 StGB liegt vor, wenn es sich um eine qualitative, das heißt nicht mehr im Rahmen eines sinnvollen Erlebniszusammenhangs liegende seelische Abnormität handelt, die auf einem nachweisbaren oder doch mit guten Gründen postulierbaren, noch anhaltenden oder bereits abgeschlossenen Organprozess beruht; **5.** im Sinne des Arzneimittelrechts (§ 2 Abs. 1 Nr. 1 AMG) gilt als Krankheit jede, also auch eine nur unerhebliche Störung der normalen Beschaffenheit oder der normalen Tätigkeit des Körpers, die geheilt, d.h. beseitigt oder gelindert werden kann und die nicht nur eine normale Schwankung der Leistungsfähigkeit, der jeder Körper ausgesetzt ist, darstellt.

Leistungsauftrag: medizinbetriebliche Zwecksetzung; in engerem Sinne Versorgungsauftrag*.

Leistungsform: Die Leistungsform eines Medizinbetriebes nimmt Bezug auf seine Aufgabenstellung im System der gesundheitlichen Versorgung. Sie findet ihren Ausdruck in den (vorrangig) ausgeübten Funktionen der medizinischen Versorgung (Prävention, Behandlung, Pflege, Rehabilitation, Begutachtung) und dem Gesundheitssektor in dem der Medizinbetrieb allokiert ist (ambulante Versorgung, stationäre Versorgung, öffentlicher Gesundheitsdienst, soziale gesundheitliche Hilfe).

Leitbild: beschreibt im Kontext zum medizinbetrieblichen Leistungsauftrag (Mission) die beabsichtigte Unternehmensentwicklung (Vision) und wesentliche Orientierungen (Leitwerte) für die Art und Weise ihrer Umsetzung.

Leitlinien: sind in der Medizin systematisch entwickelte Entscheidungshilfen über die angemessene Vorgehensweise bei speziellen gesundheitlichen Problemen für Ärzte und Patienten, die eine individuell angemessene Versorgung ermöglichen sollen. Leitlinien definieren Anforderungen an die Qualität der medizinisch-pflegerischen Versorgung und ermöglichen deren Messung und Beurteilung anhand von Qualitätsindikatoren beziehungsweise im Benchmarking. Sie stellen den nach einem definierten, transparenten Vorgehen erzielten Konsens mehrerer Experten aus unterschiedlichen Fachbereichen und Arbeitsgruppen (ggf. unter Berücksichtigung von Patienten) zu bestimmten ärztlichen Vorgehensweisen dar. Sie sind wissenschaftlich begründete und praxisorientierte „Orientierungshilfen" im Sinne von „Handlungskorridoren", von denen in begründeten Fällen abgewichen werden kann oder sogar muss. Auch Leitlinien selbst unterliegen spezifischen Qualitätsanforderungen und werden regelmäßig auf ihre Gültigkeit überprüft und gegebenenfalls fortgeschrieben (BÄK, 2006).

Leitung: formales Verständnis von Führung, das sich auf die Positionsmacht des Führenden und weniger auf die erzielte Führungswirkung bezieht. In diesem Sinne können Organisationen als Machtverteilungssysteme aufgefasst werden.

Leitungsebene: syn. Führungsebene, Managementebene; entsteht aufbauorganisatorisch durch die hierarchische Stufung der Entscheidungs- und Weisungsbefugnisse unterhalb des Leitungsorgans*.

Leitungsorgan: ein nach der Unternehmensverfassung vorgesehenes Organ, dessem/n Vertreter(n) die Geschäftsführungsfunktion übertragen ist.

Leitungsspanne: die Anzahl der einer Instanz* unmittelbar nachgeordneten Stellen*.

Leitungsstruktur: Ergebnis der aufbauorganisatorischen Strukturierung des dispositiven* Faktors.

Leitungstiefe: die Anzahl der Leitungsebenen einer Leistungsstruktur*.

Management: 1. funktional: die zielorientierte Gestaltung von Managementobjekten, etwa eines Medizinbetriebes; im engeren Sinn die Führung von Personen, zum Beispiel in einem Medizinbetrieb Beschäftigte, Patienten. Abhängig vom Managementobjekt werden sach- (Planung, Organisation, Kontrolle) und personenbezogene Führungsfunktionen (Ziele setzen, motivieren, organisieren, entscheiden, kontrollieren, informieren und kommunizieren) unterschieden; **2.** institutionell: die Instanzen einer medizinbetrieblichen Organisationsstruktur oder die Gesamtheit der personellen Aufgabenträger in einer Organisation, denen im Weg der Delegation dispositive Aufgaben übertragen sind, d.h. Organvertreter, Führungskräfte; **3.** instrumentell: Ordnungsmomente und deren Materialisierungen.

Managementebene: syn. für Leitungsebene*.

Managementobjekt: Objekt, auf das sich das Managementhandeln des dispositiven* Faktors bezieht; zum Beispiel Medizinbetrieb, Beschäftigte, Patienten.

Managementprozesse: 1. bezogen auf einen Medizinbetrieb alle Prozesse, die mit der Gestaltung, Lenkung (Steuerung) und Entwicklung eines Medizinbetriebes zu tun haben; also normative Orientierungsprozesse, strategische Entwicklungsprozesse und operative Strukturierungsprozesse; **2.** bezogen auf Personen (Beschäftigte, Patienten) biophile Führungsprozesse.

Marke: Zeichen, die geeignet sind, Waren oder Dienstleistungen eines Unternehmens zu kennzeichnen und von denjenigen anderer Unternehmen, insbesondere aus der Sicht relevanter Zielgruppen, zu unterscheiden (vgl. § 3 MarkenG).

Medizinbetrieb: Wirtschaftssubjekt, das Gesundheitsleistungen* erbringt.

Medizinmanagement: anwendungsbereichsspezifische Managementlehre; Fachgebiet, das sich mit der Anwendung der Managementlehre in Medizinbetrieben* befasst.

Medizinorganisation: 1. funktional: die strukturierende Gestaltung des Medizinbetriebes; **2.** instrumentell (zur Erreichung der betrieblichen Zwecksetzung): formale Regeln, die sowohl für die arbeitsteilige Zuordnung von Aufgaben zu Organisationseinheiten und deren Gliederung (Organisationsstruktur) als auch für die medizinbetrieblichen Prozesse und ihre verfahrensmäßigen Vollzugsmerkmale (Prozessstruktur) eine verbindliche Ordnung festlegen; **3.** institutionell: der Medizinbetrieb selbst („ein Medizinbetrieb ist eine Organisation"); **4.** das Ergebnis einer reflektierten zielorientierten Strukturierung (Ordnungsbildung) eines Medizinbetriebes.

Morbidität: Maßzahl der Häufigkeit einer definierten Krankheit in einem bestimmten Zeitraum bezogen auf eine Bevölkerung; s. Inzidenz, Prävalenz.

Mortalität: Zahl der Todesfälle an einer bestimmten Krankheit während eines bestimmten Zeitintervalls bezogen auf die Gesamtbevölkerung oder bestimmte Bevölkerungsgruppen.

Multimorbidität: das zeitgleiche Vorhandensein mehrerer Krankheiten bei einem Patienten; zum Beispiel koronare Herzkrankheit, Diabetes mellitus und Gicht.

Neues St. Galler Management-Modell: Das in Abbildung G.2 schematisch dargestellte Management-Modell unterscheidet sechs zentrale Begriffskategorien (Rüegg-Stürm, 2003): Umweltsphären, Anspruchsgruppen, Interaktionsthemen, Ordnungsmomente, Prozesse und Entwicklungsmodi.

Die Kategorien Umweltsphären, Anspruchsgruppen und Interaktionsthemen beziehen sich auf das gesellschaftliche, natürliche, technologische und wirtschaftliche Umfeld eines Unternehmens. Die Kategorien Ordnungsmomente, Prozesse und Entwicklungsmodi adressieren die Innensicht eines Unternehmens. Umweltsphären sind als zentrale Kontexte der unternehmerischen Tätigkeit zu verstehen. Mit diesen, insbesondere den verschiedenen Anspruchsgruppen (Stakeholders), steht das Unternehmen in Wechselwirkung, weshalb sie je nach Branche und Tätigkeitsschwerpunkten sehr genau auf wichtige Veränderungs- und Markttrends hin zu analysieren sind. Anspruchsgruppen sind als organisierte oder nicht organisierte Gruppen von Menschen, Organisationen und Institutionen zu verstehen, die von den unternehmerischen Wertschöpfungs- und manchmal auch Schadschöpfungsaktivitäten betroffen sind. Aus dem Wertbeitrag für diese Anspruchsgruppen ergibt sich erst die Legitimation und Zwecksetzung eines Unternehmens. Mit Interaktionsthemen werden „Gegenstände" der Austauschbeziehungen zwischen Anspruchsgruppen und Unternehmung bezeichnet, um die sich die Kommunikation der Unternehmung mit ihren Anspruchs-gruppen dreht. Dabei unterscheidet man einerseits personen- und kulturgebundene Elemente wie Anliegen, Interessen, Normen und Werte und andererseits objektge-bundene Elemente, das heißt Ressourcen. Bei den Interaktionsthemen handelt es sich somit teils um thematische Felder (im Sinne von „Issues") der Auseinandersetzung, teils um handelbare Güter und Rechte. Die unternehmerischen Wertschöpfungsaktivi-täten laufen nicht beliebig, sondern in mehr oder weniger geordneten Bahnen ab – auch wenn die entsprechenden Kommunikations- und Handlungsmuster meistens nicht einfach zu erkennen (rekonstruieren) sind.

Abbildung G.2: *Aufbau und Überblick über die Grundkategorien des neuen St. Galler Management-Modells. Originalabbildung nach Rüegg-Stürm (2003), Seite 22*

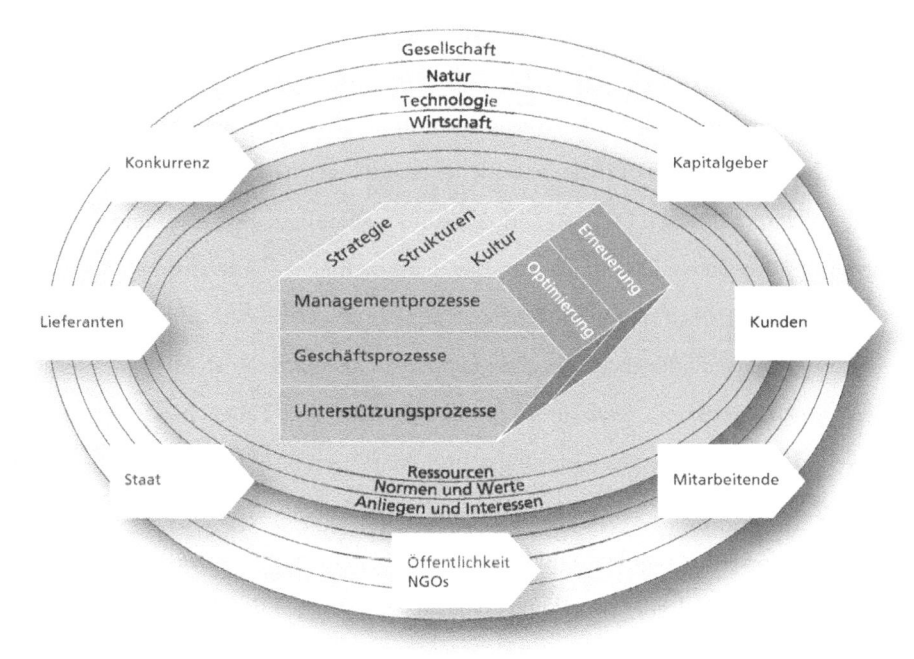

Die Ordnungsmomente (Strategie, Strukturen, Kultur) geben dem organisationalen Alltagsgeschehen, das in Form von Prozessen abläuft, eine kohärente Form, indem sie diesem eine gewisse Ordnung auferlegen und auf diese Weise das Alltagsgeschehen auf die Erzielung bestimmter Wirkungen und Ergebnisse ausrichten. Alle Wertschöpfungsaktivitäten einer Unternehmung und die dazu notwendige Führungsarbeit werden in Prozessen erbracht, die sich durch eine bestimmte sachliche und zeitliche Logik beim Vollzug spezifischer Aufgabenfelder charakterisieren lassen. Die hohe Umweltdynamik, an deren Erzeugung menschliche Neugierde und Kreativität im Allgemeinen und innovative Unternehmungen im Besonderen maßgeblich beteiligt sind, bringt für jede Unternehmung das Erfordernis einer kontinuierlichen Weiterentwicklung mit sich. Die Entwicklungsmodi beschreiben grundlegende Muster der unternehmerischen Weiterentwicklung. Die kontinuierliche Verbesserung des Bestehenden wird dabei als Optimierung bezeichnet, während die diskontinuierlich stattfindende Schaffung von völlig Neuem als Erneuerung qualifiziert wird.

Normatives Medizinmanagement: Handlungssphäre des dispositiven* Faktors, die sich auf die Legitimation der medizinbetrieblichen Tätigkeit (Sinnstiftung) und den Aufbau unternehmerischer Verständigungspotenziale im Hinblick auf gesellschaftliche Wertorientierungen und die Anerkennung moralischer Eigenwerte bezieht.

Ökonomisierung der Medizin: umschreibt die Tendenz, medizinische Entscheidungen und Handlungen einem Nutzen-Kosten-Kalkül zu unterwerfen. Sie wird durch Preissysteme gefördert, die den Leistungserbringer am ökonomischen Risiko der Gesundheitsleistungsproduktion beziehungsweise am Morbiditätsrisiko beteiligen. Dem ökonomischen Imperativ in der Medizin folgt im Gegensatz zu einem deontologischen* ein teleologisches* Systemverhalten.

Operatives Medizinmanagement: bezeichnet die Handlungssphäre des dispositiven* Faktors, die dem Vollzug der normativen und strategischen Vorgaben durch deren prozesshafte Umsetzung im medizinbetrieblichen Alltag dient.

Ordnungsmoment: Objekt in der Managementlehre, das dem organisationalen Alltagsgeschehen, das in Form von Prozessen abläuft, eine kohärente Form gibt, indem es diesem eine gewisse Ordnung auferlegt und auf diese Weise das Alltagsgeschehen auf die Erzielung bestimmter Wirkungen und Ergebnisse ausrichtet. Ordnungsmomente von Medizinbetrieben sind die Unternehmenspolitik, die Unternehmenskultur, die Strategie, Strukturen und Systeme.

Ordnungsrahmen: ein Modell, das als relevant deklarierte Elemente und Beziehungen eines Systems (Originals) auf einer hohen Abstraktionsebene nach einer gewählten Strukturierungsweise in einer beliebigen Sprache gliedert.

Organigramm: vertikal oder horizontal angeordnetes Diagramm (Baumstruktur) zur Visualisierung der Leitungs- und Aufgabenstruktur. Aus dem Organigramm (s. Abb. G.3) unmittelbar abgelesen werden können die Strukturierungsprinzipien (Organisationsmodell, Kompetenzen), der Umfang der Aufgabenspezialisierung, die Gliederungstiefe (Anzahl der Leitungsebenen) und die Gliederungsbreite (Leitungsspannen).

Abbildung G.3: *Schematisch dargestelltes Organigramm*

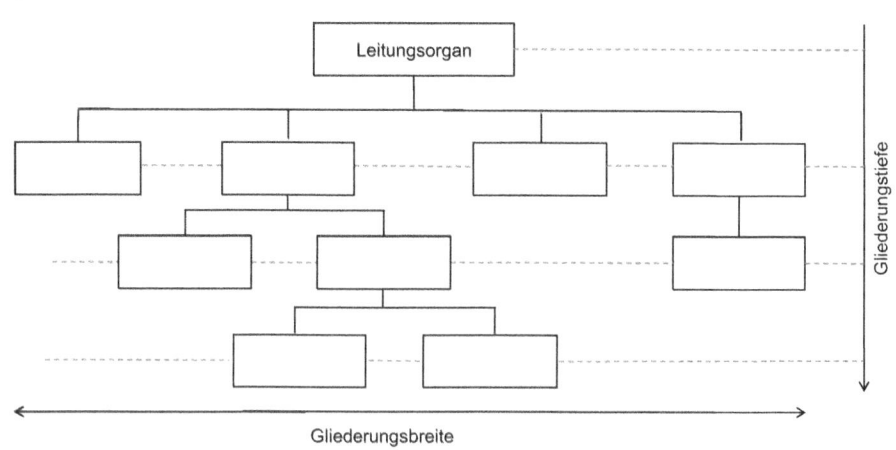

Organisation: s. Medizinorganisation.

Organisationsstruktur: auch als Aufbauorganisation bezeichnet; Synthese aus Aufga-
ben-* und Leitungsstruktur*.

Outsourcing: Kunstwort aus „outside" und „resource(-using)"; im weiteren Sinn die
Auslagerung von Teilen des betrieblichen Wertschöpfungsprozesses an externe
Dienstleister. Zielsetzung des Outsourcing ist eine Verringerung der Fertigungstiefe
(Lean production) und damit die strategische Zentrierung des Unternehmens auf
solche Aktivitäten, für die es Kernkompetenz und Wettbewerbsvorteile besitzt; Gegen-
satz: Insourcing*.

Patientenfürsprecher: Patientenvertreter, der für einen einzelnen Medizinbetrieb oder
mehrere Einrichtungen in einer Versorgungsregion bestellt ist. Um psychisch kranken
Menschen eine selbstständige Interessenvertretung zu ermöglichen, wurde auf kreis-
kommunaler Ebene die Instanz des Patientenfürsprechers gesetzlich verankert.

Patientenpfad: syn. für Behandlungspfad.

PDCA-Zyklus: Der PDCA-Zyklus von Deming (1993) stellt eine logische Sequenz von vier Wiederholungsschritten dar, die zur Qualitätsverbesserung und zu Lernfortschritten führen (s. Abb. G.4). Den Planungen (plan) zur Verbesserung eines Prozesses/Zustands folgt die Ausführung (do). Die Veränderungen sind zu messen und zu untersuchen (check). Daraufhin werden Maßnahmen ergriffen, um die eingetretenen Veränderungen gegebenenfalls zu stabilisieren, oder, falls das Ergebnis nicht den Erwartungen entspricht, die Erfahrung als Ausgangspunkt für einen neuen PDCA-Zyklus genutzt (act).

Abbildung G.4: *PDCA-Zyklus*

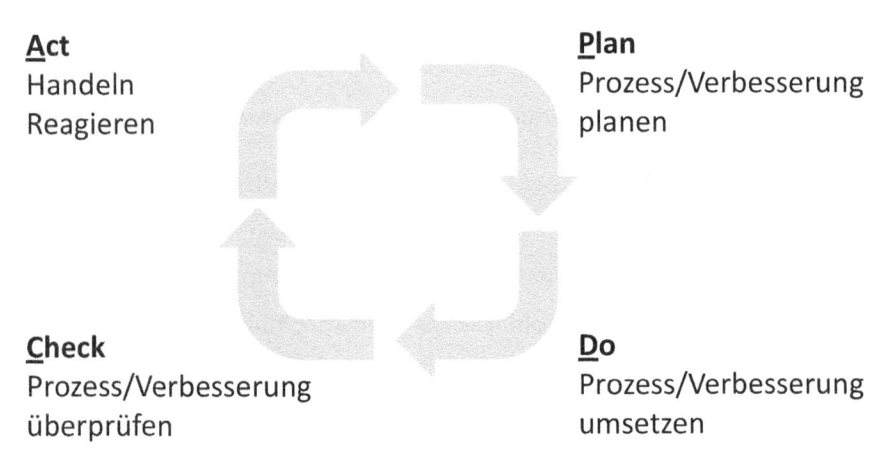

Act
Handeln
Reagieren

Plan
Prozess/Verbesserung
planen

Check
Prozess/Verbesserung
überprüfen

Do
Prozess/Verbesserung
umsetzen

Pflegebedürftigkeit: Für die Gewährung von Leistungen nach dem Pflegeversicherungsgesetz sind pflegebedürftige Personen einer der drei folgenden **Pflegestufen** zuzuordnen (§ 15 SGB XI): Pflegebedürftige der Pflegestufe I (erheblich Pflegebedürftige) sind Personen, die bei der Körperpflege, der Ernährung oder der Mobilität für wenigstens zwei Verrichtungen aus einem oder mehreren Bereichen mindestens einmal täglich der Hilfe bedürfen und zusätzlich mehrfach in der Woche Hilfen bei der hauswirtschaftlichen Versorgung benötigen; Pflegebedürftige der Pflegestufe II (Schwerpflegebedürftige) sind Personen, die bei der Körperpflege, der Ernährung oder der Mobilität mindestens dreimal täglich zu verschiedenen Tageszeiten der Hilfe bedürfen und zusätzlich mehrfach in der Woche Hilfen bei der hauswirtschaftlichen Versorgung benötigen; Pflegebedürftige der Pflegestufe III (Schwerstpflegebedürftige) sind Personen, die bei der Körperpflege, der Ernährung oder der Mobilität täglich rund um die Uhr, auch nachts, der Hilfe bedürfen und zusätzlich mehrfach in der Woche Hilfen bei der hauswirtschaftlichen Versorgung benötigen. Die Pflegekassen haben durch den Medizinischen Dienst der Krankenversicherung (MDK) prüfen zu lassen, ob die Voraussetzungen der Pflegebedürftigkeit erfüllt sind und welche Stufe der Pflegebedürftigkeit vorliegt (§ 18 Abs. 1 SGB XI). Der MDK hat den Versicherten in seinem Wohnbereich zu untersuchen. Erteilt der Versicherte dazu nicht sein Einverständnis, kann die Pflegekasse die beantragten Leistungen verweigern (§ 18 Abs. 2 SGB XI). Die Untersuchung im Wohnbereich des Pflegebedürftigen kann ausnahmsweise unterbleiben, wenn auf Grund einer eindeutigen Aktenlage das Ergebnis der medizinischen Untersuchung bereits feststeht. Die Untersuchung ist in angemessenen Zeitabständen zu wiederholen.

Pflegestufe: s. Pflegebedürftigkeit.

Prävalenz: Zahl der Träger eines bestimmten diagnostisch relevanten Merkmals in einem Untersuchungskollektiv oder einer Krankheit in einer Population zu einem bestimmten Zeitpunkt (Punktprävalenz) oder in einer bestimmten Zeitperiode (Periodenprävalenz).

Produkt: alles was auf einem Markt angeboten werden kann, um Bedürfnisse oder Wünsche zu befriedigen (Kotler et al., 2003), das heißt Dienst- und Sachleistungen.

Produktionsfaktoren: syn. Faktoren; immaterielle und materielle Güter, die im Wertschöpfungsprozess* kombiniert, das heißt gebraucht oder verbraucht werden, um andere Güter hervorzubringen. Die Gesundheitsleistungsproduktion* lässt sich mit einem branchenspezifischen Faktorsystem erklären.

Produktionsfunktion: bezogen auf einen Produktions- oder Dienstleistungsbetrieb der funktionale Zusammenhang zwischen dem Einsatz an Produktionsfaktoren* und der Leistungsmenge.

Produzenten: Wirtschaftssubjekte im Gesundheitssystem, die mittelbar die Erbringung von Gesundheitsleistungen durch die Bereitstellung von Produktionsfaktoren* oder die Erbringung von Vorleistungen unterstützen; zum Beispiel die medizinische Investitions- und Bedarfsgüterindustrie, Ausbildungsstätten für Gesundheitsfachberufe.

Prozessbaustein: eine standardisierbare Folge logisch, räumlich und zeitlich zusammenhängender Teilprozesse oder Prozessaktivitäten, die zu einem inhaltlich abgeschlossenen Ergebnis führen; beispielsweise die administrative Aufnahme eines Patienten.

Prozessstruktur: Ergebnis der strukturierenden Gestaltung medizinbetrieblicher Prozesse.

Qualitätsmanagement: die Gesamtheit aller Maßnahmen eines Medizinbetriebs, die darauf abzielen, die Qualität der produzierten Gesundheitsleistung* zu sichern oder zu verbessern; nach DIN EN ISO Norm 8402 „alle diejenigen Tätigkeiten des Gesamtmanagements, die im Rahmen des Qualitätsmanagementsystems die Qualitätspolitik, die Qualitätsziele und die Verantwortungen festlegen sowie diese durch Qualitätsplanung, Qualitätslenkung, Qualitätssicherung und Qualitätsverbesserung verwirklichen". Begriffliche Unterschiede betonen lediglich unterschiedliche Ansätze. So hebt der Begriff des Total Quality Management (TQM) die Ganzheitlichkeit und die strategische Bedeutung des Qualitätsmanagements hervor, während Continous Quality Improvement (CQI) darauf verweist, dass Qualitätsmanagement kein abgeschlossener Prozess, sondern als Regelkreis und Lernprozess zu interpretieren ist.

Qualitätspolitik: vom Träger eines Medizinbetriebs oder seinem gesetzlichen Vertreter formulierte Absichten und Zielsetzungen zur Qualität (vgl. DIN EN ISO 8402).

Qualitätssicherung: entspricht im SGB V (§§ 137-139) inhaltlich dem Qualitätsmanagement nach DIN EN ISO 8402; bezeichnet alle geplanten und systematischen Maßnahmen, die verwirklicht werden, um bei den unterschiedlichen Stakeholdern (Anspruchsgruppen) ausreichendes Vertrauen zu schaffen, dass die Qualitätsanforderungen auch erfüllt werden.

Rechtsform: bezogen auf einen Medizinbetrieb seine gesellschafts- und organisationsrechtliche Verfasstheit. Für die Gestaltung der Rechtsform geben staatliche Gesetze (z. B. HGB, AktG, BGB, GmbHG, Stiftungsgesetze) und zum Teil auch die Trägerschaft des Medizinbetriebs den Rahmen vor, betriebsindividuelle Regelungen (Satzung, Gesellschaftsvertrag, Geschäftsordnung u. Ä.) ergänzen die gesetzlichen Vorschriften. Grundsätzlich lässt sich zwischen Rechtsformen des öffentlichen Rechts und Rechtsformen des privaten Rechts unterscheiden. Aus der Rechtsform des Medizinbetriebes resultieren zum einen verbindliche Regelungen für die Beziehungen des Medizinbetriebes zu seiner Umwelt (Außenbeziehungen); zum anderen beeinflusst die gewählte Rechtsform auch das Binnenverhältnis der betrieblichen Organe untereinander (Innenbeziehungen). Je nach Rechtsform sehen gesetzliche Normen unterschiedliche Anforderungen für die Errichtung, den Betrieb oder die Liquidation des Medizinbetriebs vor. Dies gilt insbesondere in Bezug auf das zur Gründung einer bestimmten Rechtsform erforderliche Kapital, aber auch die Eigenkapitalbeschaffung von außen, die Anzahl und Verpflichtungen (insbesondere Haftung) der Gesellschafter, die Organe und deren Befugnisse, die betriebliche Mitbestimmung, die Beteiligung Dritter und die Beteiligung an Dritten, steuerliche Auswirkungen oder bestimmte Bilanzierungs- und Publizitätspflichten. So haben auch gemeinnützige GmbHs und AGs die rechtsformbedingten Vorgaben im Hinblick auf Bilanzierung und Offenlegung zu erfüllen. Die Rechtsform bestimmt auch, ob die Gesellschafter als natürliche Personen handeln (Personengesellschaft) oder ob die Gesellschaft eine eigene Rechtspersönlichkeit besitzt (sog. juristische Person des öffentlichen Rechts oder des Privatrechts).

Regelungsdichte: der quantitative Umfang eines vom dispositiven Faktor vorgegebenen organisatorischen Regelsystems.

Richtlinien: in der Medizin von einer rechtlich legitimierten Institution konsentierte, schriftlich fixierte und veröffentlichte Regelungen des Handelns oder Unterlassens, die für den Rechtsraum dieser Institution verbindlich sind und deren Nichtbeachtung definierte Sanktionen nach sich zieht (BÄK, 2006).

Sachgüterproduktion: im Unterschied zur Dienstleistungsproduktion die Herstellung materieller Güter wie etwa die medizintechnischer Geräte oder Medikamente.

Shareholder: Anteilseigner an einem Medizinbetrieb*.

Sozio-technisches System: System, das aus einer abgrenzbaren Menge aufeinander bezogener Operationen von sozialen Einheiten und technischen Einrichtungen besteht; zum Beispiel ein Medizinbetrieb*.

Stakeholders: die verschiedenen internen und externen Anspruchs- und Interessengruppen gegenüber einem Medizinbetrieb*; zum Beispiel Patienten, Angehörige, Mitarbeiter, Kostenträger, Lieferanten, Kooperationspartner, Bevölkerung.

Stelle: kleinste aufbauorganisatorische Einheit; bildet einen in der Regel in einer Stellenbeschreibung* spezifizierten Aufgabenkomplex ab, der von einer fiktiven Person wahrgenommen werden kann.

Stellenbeschreibung: schriftliche Darstellung der Handlungssphären (normativ, strategisch, operativ) und der Aufgaben-, Verantwortungs- und Kompetenzverteilung einer Stelle*.

Stellenplan: die Darstellung der in einer Organisation vorhandenen Stellen nach ihrer Bezeichnung und Anzahl sowie ihrer Gehalts- und Lohnklassifizierung.

Strategie: ein System von langfristigen Vorgaben (Ziele und Wege), die den Aufbau und die Erhaltung von medizinbetrieblichen Erfolgspotenzialen gewährleisten sollen.

Strategische Geschäftseinheit: auch Division; die aufbauorganisatorische Abbildung strategischer* Geschäfte.

Strategische Planung: Teil eines Strategieprozesses, der die strategische Analyse und Synthese sowie die Strategiebildung umfasst.

Strategische Potenziale: Potenzialfaktoren und Prozesse, die es ermöglichen, den Medizinbetrieb in einer veränderlichen Umwelt erfolgreich zu positionieren und somit den Unternehmenserfolg nachhaltig zu sichern.

Strategisches Geschäft: auch Geschäftsfeld; eine Produkt-/Markt-Kombination mit eigenem Marktauftritt. Sie umfasst einen bestimmten Markt als Wettbewerbsarena, eine spezifische Marktleistung und spezifische Ressourcen.

Strategisches Medizinmanagement: Handlungssphäre des dispositiven* Faktors die auf den Aufbau, die Pflege und die Ausbeutung nachhaltiger Erfolgspotenziale gerichtet ist und für die Ressourcen eingesetzt werden müssen. Sie umfasst damit die Aufgabenfelder einer integrierten Strategie- und Wandelarbeit, die bei der Entwicklung einer kohärenten Ausrichtung zur Erreichung der medizinbetrieblichen Zwecksetzung und deren erfolgreichen Realisation in den betrieblichen Alltag zu leisten ist.

Strategy Map: die Visualisierung der Ursache-Wirkungs-Beziehungen strategischer Initiativen nach den Perspektiven einer Balanced Scorecard.

SWOT-Analyse: Portfoliotechnik zur Ableitung strategischer Optionen durch Gegenüberstellung von Chancen und Gefahren der medizinbetrieblichen Umwelt einerseits und Stärken und Schwächen der strategischen* Potenziale des Medizinbetriebes andererseits. Die Abk. SWOT steht für engl. Strength (Stärken), Weakness (Schwächen), Opportunities (Chancen), Threats (Gefahren).

System: nach Hall und Fagen (General System Yearbook I (1956), 18) ein Aggregat von Objekten und Beziehungen zwischen den Objekten und ihren Merkmalen, wobei unter den Objekten die Bestandteile des Systems, unter Merkmalen die Eigenschaften der Objekte zu verstehen sind, und die Beziehungen den Zusammenhalt des Systems gewährleisten. Für ein gegebenes System ist die Umwelt die Summe aller Objekte, deren Veränderung das System beeinflusst, sowie jener Objekte, deren Merkmale durch das Verhalten des Systems verändert werden.

teleologisch: Handeln oder Verhalten in Organisationen, das sich auf eine Zweck-Mittel-Relation beruft; so zum Beispiel die Orientierung am ökonomischen Prinzip.

Träger: im Gesundheitssystem Wirtschaftssubjekte, die vorrangig Gesundheitsleistungen finanzieren (Finanzierungsträger) und/oder den überbetrieblichen Mitteleinsatz steuern (Hoheitsträger). Zu den Finanzierungsträgern zählen primär: Öffentliche Haushalte, Arbeitgeber, Private Haushalte, Organisationen ohne Erwerbscharakter; sekundär: gesetzliche Kranken-, Pflege-, Renten- und Unfallversicherung, private Kranken-, Pflege- und Unfallversicherung, Versorgungseinrichtungen außerhalb der gesetzlichen Krankenversicherung; zu den Hoheitsträgern zählen die Einrichtungen der Gesundheitsverwaltung.

Überwachungsorgan: ein nach der Unternehmensverfassung* vorgesehenes Organ, dem (beim Trennungsmodell) die Kontrolle und gegebenenfalls die Beratung des oder der Vertreter des Leitungsorgans* obliegt.

Uno-actu-Prinzip: bei der Gesundheitsleistungsproduktion die patientenpräsenzbedingte zeitlich-räumliche Simultanität von Produktion und Absatz.

Unternehmen: Betrieb* des marktwirtschaftlichen Wirtschaftssystems.

Unternehmenskultur: die Gesamtheit der von der Mehrheit der Beschäftigten gemeinsam geteilten, gelebten und symbolisch repräsentierten Wertvorstellungen (gelebtes Wertesystem).

Unternehmensphilosophie: die ganzheitliche Interpretation der wirtschaftlichen und gesellschaftlichen Funktion und Stellung einer Unternehmung und die daraus abzuleitenden Sinnzusammenhänge und Wertbezüge des Managements (Ulrich u. Fluri, 1995).

Unternehmensverfassung: ein System langfristig angelegter rechtswirksamer Regelungen, das sich auf den Medizinbetrieb als eine rechtlich-wirtschaftliche Einheit richtet und den Handlungsrahmen für den dispositiven* Faktor absteckt. Bei der GmbH handelt es sich um einen Gesellschaftsvertrag, bei der Aktiengesellschaft, der Stiftung, dem Verein, aber auch den öffentlichen Rechtsformen um eine Satzung. Für die Anstalt öffentlichen Rechts gelten ihre Satzung, die Regelungen des Gesetzes, durch das die Anstalt errichtet wurde oder das die Ermächtigung zur Errichtung der Anstalt bildete, sowie die jeweils einschlägigen verwaltungsrechtlichen Bestimmungen. Inhaltlich regelt die Unternehmensverfassung unter anderem die betriebliche Zwecksetzung, die Organe und die betriebliche Willensbildung. Sie kann durch Organbeschluss geändert werden.

Verbraucher: im Gesundheitssystem Personen (z. B. Versicherte, Patienten) oder Personengruppen (z. B. Bevölkerung), die Gesundheitsleistungen* zwecks Bestätigung und Wiederherstellung ihrer Gesundheit nachfragen beziehungsweise in Anspruch nehmen.

Versorgungsauftrag: öffentlich-rechtlicher Leistungsauftrag für einen Medizinbetrieb.

Visitor: Person, die zur Visitation von Medizinbetrieben akkreditiert ist. Die Visitation ist ein der Zertifizierung* vorgeschaltetes Prüfverfahren.

Vorkombination: Nach dem Uno*-actu-Prinzip umfasst die Gesundheitsleistungsproduktion nicht nur die Erstellung einer konkreten Gesundheitsleistung, sondern auch die Herstellung und Vorhaltung einer nach dem Versorgungsauftrag oder dem medizinbetrieblichen Leistungsprogramm definierten Leistungsbereitschaft (Vorkombination). Sie ist als derivativer Produktionsfaktor für die objektbezogene Leistungserstellung (Endkombination) aufzufassen.

Wertesystem: die Menge aller in einem Leitbild* angesprochenen Leitwerte.

Wertkette: nach Porter (2000) die Kern- und Unterstützungsprozesse des medizinbetrieblichen Wertschöpfungsprozesses.

Wertschöpfungskette: entsteht, wenn die medizinbetriebliche Wertkette* mit den Wertketten vor- und nachgelagerter Leistungserbringer verbunden wird.

Wertschöpfungsprozess: im Medizinbetrieb der Prozess der Gesundheitsleistungsproduktion*.

Zertifizierung: 1. Konformitätsbestätigung; **2.** Verfahren, in dem ein (unparteiischer) Dritter in der Regel nach eingehender Prüfung schriftlich bestätigt, dass ein System, ein Produkt, eine Person oder eine Organisation in ihrer Gesamtheit die der Prüfung zugrunde liegenden Anforderungen erfüllt. Zertifizierungen werden von Einrichtungen durchgeführt, die für das Zertifizierungsobjekt akkreditiert (zugelassen) sind.

Literaturverzeichnis

Altobelli, C. F., Bouncken, R. (1998) Wertkettenanalyse von Dienstleistungsanbietern. In: A. Meyer (Hrsg.): Handbuch des Dienstleistungsmarketing. Schäffer-Poeschel: Stuttgart

Ansoff, I. (1999) Strategisches Management. Schäffer-Poeschel: Stuttgart

BÄK (2006) Glossar Qualitätssicherung. www.baek.de/30/Qualitaetssicherung/ 90Glossar.html; Abruf: 25.11.2006

Balogun, J., Hope-Hailey, V., Johnson, G., Scholes, K. (2008) Exploring strategic change. Pearson: Harlow

Bea, F. X., Dichtl, E., Schweitzer, M. , Hrsg. (1991) Allgemeine Betriebswirtschaftslehre Bd. 2: Führung. Fischer: Stuttgart

Bea, F. X., Haas, J. (1995) Strategisches Management. Lucius & Lucius: Stuttgart

Berekoven, L. (1974) Der Dienstleistungsbetrieb. Gabler: Wiesbaden

Bieger, T., Rüegg-Stürm, J., Rohr, T. von (2002) Strukturen und Ansätze einer Gestaltung von Beziehungskonfigurationen. Das Konzept Geschäftsmodell. In: T. Bieger, N. Bickhoff, R. Caspers, D. zu Knyphausen-Aufseß, K. Reding (Hrsg.): Zukünftige Geschäftsmodelle – Konzepte und Anwendungen in der Netzökonomie. Springer: Berlin, Heidelberg, 50-52

Bleicher, K. (1991) Organisation. Strategien – Strukturen – Kulturen. Gabler: Wiesbaden

Bleicher, K. (1994) Leitbilder. Orientierungsrahmen für eine integrative Managementphilosophie. Schäffer-Poeschel: Stuttgart

Bleicher, K. (1999) Das Konzept Integriertes Management: Visionen – Missionen und Programme. Campus: Frankfurt, New York

Blonski, H., Stausberg, M. (2003) Prozessmanagement in Pflegeorganisationen. Grundlagen – Erfahrungen – Perspektiven. Schlütersche GmbH & Co KG: Hannover

Bösenberg, D., Metzen, H. (1993) Lean Management. Vorsprung durch schlanke Konzepte. Moderne Industrie: Landsberg/Lech

Brauer, G. (2007) Erfolgsfaktor Design-Management. Birkhäuser: Basel

Breyer, F., Zweifel, P. (1996) Gesundheitsökonomie. Springer: Berlin

Brugger, J. (2008) Auswirkungen des BilMoG auf die Überwachung öffentlicher Unternehmen und Risikomanagement in Unternehmen der öffentlichen Hand. Referat zur Corporate Governance öffentlicher Unternehmen am 4. Dezember 2008, Ernst und Young, Stuttgart

Brunner, F. J. (2008) Japanische Erfolgskonzepte. Kaizen, KVP, Lean Production Management, Total Productive Maintenance, Shopfloor Management, Toyota Production Management. Hanser: München, Wien

Burns, L. R. (2002) The Health Value Chain – Producers, Purchasers and Providers. Jessey-Bass: San Francisco

Ceus Consulting (2003) Mitarbeiterbefragungsbogen. Der Fragebogen wurde im Rahmen des Projekts „Einführung des Qualitätsmanagements nach dem Qualitätsentwicklungsmodell EFQM in den Rheinischen Kliniken des Landschaftsverbands Rheinland" unter der fachlichen Beratung von Ceus consulting/FOGS entwickelt. Ceus consulting GmbH: Köln

Corsten, H. (1990) Betriebswirtschaftslehre der Dienstleistungsunternehmungen. Oldenbourg: München, Wien

Corsten, H., Gössinger R (2007) Dienstleistungsmanagement. Oldenbourg: München, Wien

Daenzer, W. F., Huber, F., Hrsg. (2002) Systems engineering – Methodik und Praxis. Verlag Industrielle Organisation: Zürich

Davenport, T. H. (1993) Process Innovation. Reengineering Work through Information Technology. Harvard Business School Press: Boston

Deming, W. E. (1993) Out of Crisis. MIT-Press: Cambridge

Donabedian, A. (1974) The quality of medical care. Methods for assessing and monitoring the quality of care for research and for quality assurance programmes. Science 200: 856-864

Drucker, P. (2001) Was ist Management? Econ: Düsseldorf

Dubs, R., Euler, D., Rüegg-Stürm, J. (2003) Einführung in die Managementlehre. Haupt: Bern

EFQM (2008): Modellbeschreibung des EFQM Modells. www.deutsche-efqm.de

Eichhorn, S. (1979) Produktion im Gesundheitswesen. In: W. Kern (Hrsg.): Handwörterbuch der Produktion. Schäffer-Pöschel: Stuttgart, 681-689

Eiff, W. von (2000) Führung und Motivation in Krankenhäusern. Perspektiven und Empfehlungen für Personalmanagement und Organisation. Kohlhammer: Stuttgart, Berlin, Köln

Fischer, W. (1999) Tarife – Vergütungssysteme und deren Komponenten. Schweizer Spital 4: 4-10

Fleßa, S. (2007) Grundzüge der Krankenhausbetriebslehre. Oldenbourg: München

Gaitanides, M. (1992) Ablauforganisation. In: E. Frese (Hrsg.): Handwörterbuch der Organisation. Schäffer-Poeschel: Stuttgart, 1-18

Gaitanides, M. (2006) Prozessorganisation: Entwicklung, Ansätze und Programme des Managements von Geschäftsprozessen. Vahlen: München

Giddens, A. (1997) Die Konstitution der Gesellschaft. Grundzüge einer Theorie der Strukturierung. Campus: Frankfurt

Graban, M. (2008) Lean Hospitals. Improving Quality, Patient Safety, and Employee Satisfaction. Taylor & Francis: New York

Grochla, E. (1982) Grundlagen der organisatorischen Gestaltung. Schäffer-Poeschel: Stuttgart

Grünig, R., Kühn, R. (2006) Methodik der strategischen Planung. Ein prozessorientierter Ansatz für Strategieplanungsprojekte. Haupt: Bern, Stuttgart, Wien

Gutenberg, E. (1979) Grundlagen der Betriebswirtschaftslehre Bd. I Die Produktion. Springer: Berlin, Heidelberg, New York

Hammer, M., Champy, J. (1995) Business Reengineering. Die Radikalkur für das Unternehmen. So erneuern Sie ihre Firma. Campus: Frankfurt

Hammer, M., Stanton, S. (2000) Prozessunternehmen – wie sie wirklich funktionieren. Harvard Business Manager 3: 68-81

Harrington, H. J. (1991) Business Process Improvement. The Breakthrough Strategy for Total Quality, Productivity, and Competitiveness. McGraw-Hill: New York

Hayek, F. A. von (1972) Theorie komplexer Phänomene. Mohr: Tübingen

Helling, J. F. (2009) Wertkette in Medizinbetrieben. Hausarbeit im Rahmen der Lehrveranstaltung Projektmanagement und Organisationsentwicklung. European Business School: Oestrich-Winkel

Herder-Dorneich, P. H., Kötz, W. (1972) Zur Dienstleistungsökonomik – Systemanalyse und Systempolitik der Krankenhauspflegedienste. Dunker & Humblot: Berlin

Hilke, W. (1984) Dienstleistungsmarketing aus der Sicht der Wissenschaft - Diskussionsbeiträge des Betriebswirtschaftlichen Seminars der Albert-Ludwigs-Universität Freiburg, Freiburg

Hill, W., Fehlbaum, R., Ulrich, P. (1994) Organisationslehre: Ziele, Instrumente und Bedingungen der Organisation sozialer Systeme. UTB: Stuttgart

Hungenberg, H., Wulf, T. (2007) Grundlagen der Unternehmensführung. Springer: Berlin, Heidelberg, New York

Imai, M. (2001) Kaizen. Der Schlüssel zum Erfolg im Wettbewerb. Econ: Düsseldorf, München

Johansson, H. J. et al. (1993) Business Process Reengineering. Breakpoint Strategies for Market Dominance. Wiley: Chichester

Kaplan, R. S., Norton, D. P. (1996) The Balanced Scorecard. Translating Strategy into Action. Harvard Business School Press: Boston

Kehr, H. M. (2000) Die Legitimation von Führung: Ein Kleingruppenexperiment zum Einfluss der Quelle der Autorität auf die Akzeptanz des Führers, den Gruppenprozess und die Effektivität. Dunker & Humblot: Berlin

Kippes, S. (1993) Der Leitbilderstellungsprozess. Weichenstellung für Erfolg oder Misserfolg von Unternehmensleitbildern. Führung und Organisation 62: 184-188

Kosiol, E. (1976) Organisation der Unternehmung. Gabler: Wiesbaden

Kotler, P., Armstrong, G., Saunders, J., Wong, V. (2003) Grundlagen des Marketing. Pearson Studium: München

Krüger, W., Schwarz, G. (1997) Strategische Stimmigkeit von Erfolgsfaktoren und Erfolgspotenzialen. In: D. Hahn, B. Taylor (Hrsg.): Strategische Unternehmensplanung – strategische Unternehmensführung: Stand und Entwicklungstendenzen, 7.Auflage. Springer: Heidelberg, 75-104

KTQ (2009) KTQ-Manual Krankenhaus. Fachverlag Matthias Grimm: Berlin

Likert, R. (1992) Die integrierte Führungs- und Organisationsstruktur. Campus: Frankfurt, New York

Lombriser, R., Abplanalp P. A. (2004) Strategisches Management. Visionen entwickeln, Strategien umsetzen, Erfolgspotenziale aufbauen. Versus: Zürich

Maleri, R. (1991) Grundlagen der Dienstleistungsproduktion. Springer: Berlin, Heidelberg, New York, Tokyo

Malik, F. (1993) Systemisches Management, Evolution, Selbstorganisation: Grundprobleme, Funktionsmechanismen und Lösungsansätze für komplexe Systeme. Haupt: Bern

Malik, F. (2002) Strategie des Managements komplexer Systeme. Haupt: Bern

Mandelbrot, B. (1991) Die fraktale Geometrie der Natur. Birkhäuser: Basel

MAS (2006) Zukunft der Krankenhausstruktur Baden-Württemberg, Bericht der Expertenkommission. Ministerium für Arbeit und Soziales Baden-Württemberg: Stuttgart

Maturana, H. R., Varela, F. J. (2009) Der Baum der Erkenntnis: Die biologischen Wurzeln menschlichen Erkennens. Fischer: Frankfurt

Mayer, H. O. (2008) Interview und schriftliche Befragung. Entwicklung, Durchführung und Auswertung. Oldenbourg: München

Meffert, H. (1997) Der Integrationsgedanke in der Betriebswirtschaftslehre – Leitbild für die Handelshochschule Leipzig (HHL). In: H. Meffert (Hrsg.): Managementperspektiven und Managementausbildung: Festschrift für L Trippen, Leipzig, 4-21

Meffert, H., Bruhn, M. (2009) Dienstleistungsmarketing. Grundlagen – Konzepte - Methoden. Gabler: Wiesbaden

Meyer, A. (1994) Dienstleistungs-Marketing. Erkenntnisse und praktische Beispiele. FGM Verlag: München

Meyer, H. (2008) Markenmanagement 2008/2009. Jahrbuch für Strategie und Praxis der Markenführung. Deutscher Fachverlag: Frankfurt

Mintzberg, H. (1992) Die Mintzberg-Struktur: Organisationen effektiver gestalten. Verlag Moderne Industrie: Landsberg

Mintzberg, H. (1998) Strategy safari: Prentice-Hall: London

Müller-Stewens, G., Lechner, C. H. (2005) Strategisches Management. Wie strategische Initiativen zu Wandel führen. Schäffer-Poeschel: Stuttgart

Nelson, R., Winter, S. (1982) An Evolutionary Theorie of Economic Change. Belknap: Cambridge, Mass.

Neubauer, W. (2003) Organisationskultur. Kohlhammer: Stuttgart

Ninck, A., Bürki, L., Hungerbühler, R., Mühlemann, H. (2004) Systemik – Vernetztes Denken in komplexen Situationen, 4. vollst. überarbeitete Auflage. Zürich: Orell Füssli für Verlag Industrielle Organisation

Organ, W. (1988) Organizational Leadership Behavior – The good soldier syndrome. Lexington Book: Lexington (USA)

Osterloh, M., Frost, J. (2006) Prozessmanagement als Kernkompetenz – wie sie Business Reengineering strategisch nutzen können. Gabler: Wiesbaden

Pascale, R. T., Athos, A. G. (1981) The Art of Japanese Management. Simon and Schuster: New York

Peters, T. H., Waterman, R. H. (1982) In Search of Excellence. Harper & Row: New York

Podsakoff, P. M., MacKenzie, S. B., Paine, J. B., Bachrach, D. G. (2000) Organizational Citizenship Behavior: A critical Review of the Theoretical and Empirical Literature and Suggestions for Future Research. Journal of Management 26: 513-563

Pongs, K., Jüttner, C., Baierlein, J., Bauer, H. (2007) Die alte Abteilungsstruktur taugt nicht für die Zukunft – Zentrenbildung ist die Basis der Leistungsprofilierung und Qualitätssteigerung. Führen und Wirtschaften im Krankenhaus 24: 278-282

Porter, M. (2000) Wettbewerbsvorteile. Spitzenleistungen erreichen und behaupten. Campus: Frankfurt

Prahalad, C., Hamel, G. (1991) Nur Kernkompetenzen sichern das Überleben. Harvardmanager 13: 66-78

Prieß, J. (2009) Beschreibung der Wertkette im Medizinbetrieb Krankenhaus. Hausarbeit im Studiengang Master of Business Administration (MBA) an der European Business School, International University Schloss Reichartshausen

Pümpin, C. (1992) Strategische Erfolgspositionen. Haupt: Bern

Rathje, E. (2003) Personalführung im Krankenhaus. Kohlhammer: Stuttgart

Rosenstiel, L. von (2000) Grundlagen der Organisationspsychologie – Basiswissen und Anwendungshinweise. Schäffer-Poeschel: Stuttgart

Rüegg-Stürm, J. (2003) Das neue St. Galler Management-Modell. Haupt: Bern

Rüegg-Stürm, J. (2006) Prozessmanagement im Krankenhaus – Spielarten und deren Wirkungsweisen. Forschungsprogramm Health Care Excellence. Institut für Betriebswirtschaft: St. Gallen

Rüegg-Stürm, J. (2008) Operation gelungen, Patient gestorben. Schweizerische Ärztezeitung 89: 1413-1416

Rüegg-Stürm, J., Müller, M., Tockenbürger, L., Koller, W. (2004) Nachhaltige Prozessoptimierung. In: R. Dubs, D. Euler, J. Rüegg-Stürm (Hrsg.): Einführung in eine integrierte Managementlehre. Haupt: Bern

Rühli, E. (1996) Unternehmensführung und Unternehmenspolitik, Bd. 1. Haupt: Bern, Stuttgart

Sackett, D. L., Straus, S. E., Richardson, W. S. (2000) Evidence-Based Medicine. How to Practice and Teach EBM. Churchill Livingston: London

Scheer, A. W. (1997) Wirtschaftsinformatik - Referenzmodelle für industrielle Geschäftsprozesse. Springer: Berlin, Heidelberg

Scheer, C., Deelmann, T., Loos, P. (2003) Geschäftsmodelle und internetbasierte Geschäftsmodelle – Begriffsbestimmung und Teilnehmermodell. Working Paper 12 of the Research Group Information Systems & Management am Lehrstuhl für Wirtschaftsinformatik und BWL der Johannes Gutenberg-Universität Mainz

Schein, E. H. (1995) Unternehmenskultur. Ein Handbuch für Führungskräfte. Campus: Frankfurt, New York

Schmidt-Rettig, Eichhorn, S., Hrsg. (2008) Krankenhaus-Managementlehre. Theorie und Praxis eines integrierten Konzepts. Kohlhammer: Stuttgart

Schuler, H. (2004) Lehrbuch Organisationspsychologie. Huber: Bern

Schulte-Zurhausen, M. (2005) Organisation. Vahlen: München

Schwarz, P., Purtschert, R., Giroud, C., Schauer, R. (2005) Das Freiburger Management-Modell für Nonprofit-Organisationen. Haupt: Bern, Stuttgart, Wien

Seelos, H.-J. (1991) Informationssysteme und Datenschutz im Krankenhaus. Strategische Informationssystemplanung – Informationsrechtliche Aspekte – Konkrete Vorschläge. Vieweg: Braunschweig

Seelos, H.-J. (1993a) Ein Faktorsystem für die Gesundheitsleistungsproduktion. Das Gesundheitswesen 55: 641-643

Seelos, H.-J. (1993b) Zum semantischen Differential der Gesundheitsleistungsproduktion. ZögU 16: 303-315

Seelos, H.-J. (2004a) Gestaltungsvorgaben für die Gesundheitsleistungsproduktion. J Public Health 12: 365-370

Seelos, H.-J. (2004b) Kulturbewusstes Management im Krankenhaus. Führen und Wirtschaften im Krankenhaus 21: 620-623

Seelos, H.-J. (2006a) Das krankenhausbetriebliche Wertesystem. GesÖkonomie und Qualitätsmanagement 11: 117-119

Seelos, H.-J. (2006b) Medical Management: the scientific paradigm. J Public Health 15: 21-22

Seelos, H.-J. (2007a) Personalführung in Medizinbetrieben. Medizinmanagement in Theorie und Praxis, Lehrbuch. Gabler: Wiesbaden

Seelos, H.-J. (2007b) Zur Frage der Industrialisierung der Gesundheitsleistungsproduktion. In: H. Bräunig und G. Greiling (Hrsg.): Stand und Perspektiven der Öffentlichen Betriebswirtschaftslehre II – Festschrift für Prof. Dr. Dr. h.c. mult. Peter Eichhorn anlässlich seiner Emeritierung. BWV: Berlin, 176-183

Seelos, H.-J. (2008a) Lexikon Medizinmanagement. Oldenbourg: München

Seelos, H.-J. (2008b) Patientensouveränität und Patientenführung. Gabler: Wiesbaden

Selbmann, H. K. (1990) Stichworteinträge „Qualitätssicherung", „Strukturqualität", „Prozessqualität", „Ergebnisqualität". In: H.-J. Seelos (Hrsg.): Wörterbuch der Medizinischen Informatik. De Gruyter: Berlin, New York, 188, 409, 413, 479 ff.

Sobhani, B. (2008) Strategisches Management – Zukunftssicherung für Krankenhäuser und Gesundheitsunternehmen. Medizinisch Wissenschaftliche Verlagsgesellschaft: Berlin

Spiegel, T. (2003) Prozessanalyse in Dienstleistungsunternehmen. Hierarchische Integration strategischer und operativer Methoden im Dienstleistungsmanagement. Gabler: Wiesbaden

Staehle ,W. (1999) Management. Vahlen: München

Stähler, P. (2002) Geschäftsmodelle in der digitalen Ökonomie. Josef Eul Verlag: Köln

Staufenbiel, T., Hartz, C. (2000) Organizational Citizenship Behavior: Entwicklung und Validierung eines Messinstrumentes. Diagnostica 46: 73-83

Steinmann, H., Schreyögg, G. (2002) Grundlagen der Unternehmensführung – Konzepte, Funktionen, Fallstudien. Gabler: Wiesbaden

Steinmüller, W. (1993) Informationstechnologie und Gesellschaft – Einführung in die angewandte Informatik. Wissenschaftliche Buchgesellschaft: Darmstadt

Ulrich, H. (1984) Management. Haupt: Bern

Ulrich, H. (1987) Unternehmungspolitik. Haupt: Bern, Stuttgart

Ulrich, H., Krieg, W. (1974) Das St. Galler Management-Modell. Haupt: Bern

Ulrich, P., Fluri, E. (1995) Management – eine konzentrierte Einführung. Haupt: Bern

Warnecke, H. J. (1992) Die fraktale Fabrik – Revolution der Unternehmenskultur. Springer: Berlin, Heidelberg, New York

Weed, L. L. (1978) Das problemorientierte Krankenblatt. Schattauer: Stuttgart

Weick, K. E., Sutcliffe KM (2007) Das Unerwartete managen. Klett-Cotta: Stuttgart

Willke, H. (1996) Systemtheorie Bd. II. Lucius & Lucius: Stuttgart

Wollnik, M. (1990) Stichworteintrag „Organisation". In: H.-J. Seelos (Hrsg.): Wörterbuch der Medizinischen Informatik. De Gruyter: Berlin, New York, 362

Womack, J. P., Jones, D. T. (2005) Lean Solutions: How Companies and Customers can create value and wealth together. Free Press: New York

Zapp, W. (2008) Prozessorganisation. In: B. Schmidt-Rettig, S. Eichhorn (Hrsg.): Krankenhausmanagementlehre – Theorie und Praxis eines integrierten Konzepts. Kohlhammer: Stuttgart, 251-279

Ziegenbein, R. (2001) Klinisches Prozessmanagement. Bertelsmann Stiftung: Gütersloh

Stichwortverzeichnis

The manufacturer's authorised representative in the EU is Springer
Nature Customer Service Centre GmbH, Europaplatz 3, 69115 Heidelberg,
Germany. If you have any concerns regarding our products, please
contact ProductSafety@springernature.com

Printed and bound by CPI Group (UK) Ltd, Croydon, CR0 4YY
23/04/2026
02095643-0004